Ari Liimatainen (toim.)

Herrainkutsut

Victor Barsokevitsch

FSC
www.fsc.org
MIX
Paperi vastuul -
lisista lähteistä
Paper from
responsible sources
FSC® C105338

VALOKUVAT Victor Barsokevitsch,
Kuopion kulttuurihistoriallinen museo

KUSTANTAJA BoD – Books on Demand, Helsinki, Suomi
VALMISTAJA BoD – Books on Demand, Norderstedt,
Saksa

ISBN 978-952-80-6722-1

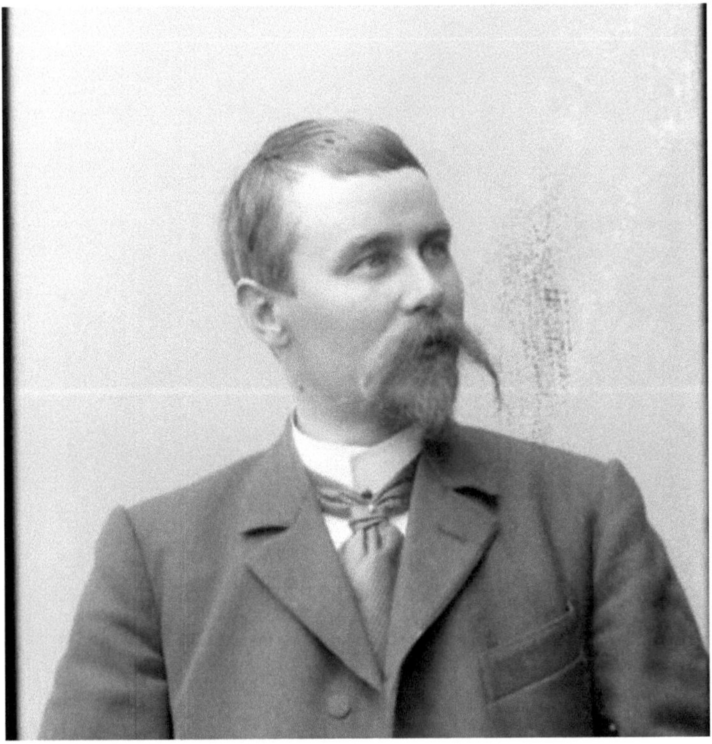

Victor Barsokevitsch (1863–1933) oli Suomen tunnetuimpia valokuvaajia. Hän toimi Kuopiossa ateljeekuvaajana, maisema- ja miljöökuvaajana sekä lehtikuvaajana. Barsokevitschin valokuvaamo tunnettiin erityisesti persoonallisista henkilökuvista.

Veljekset Pekka ja Juhani Brofeldt ateljeessa, 1890–1895

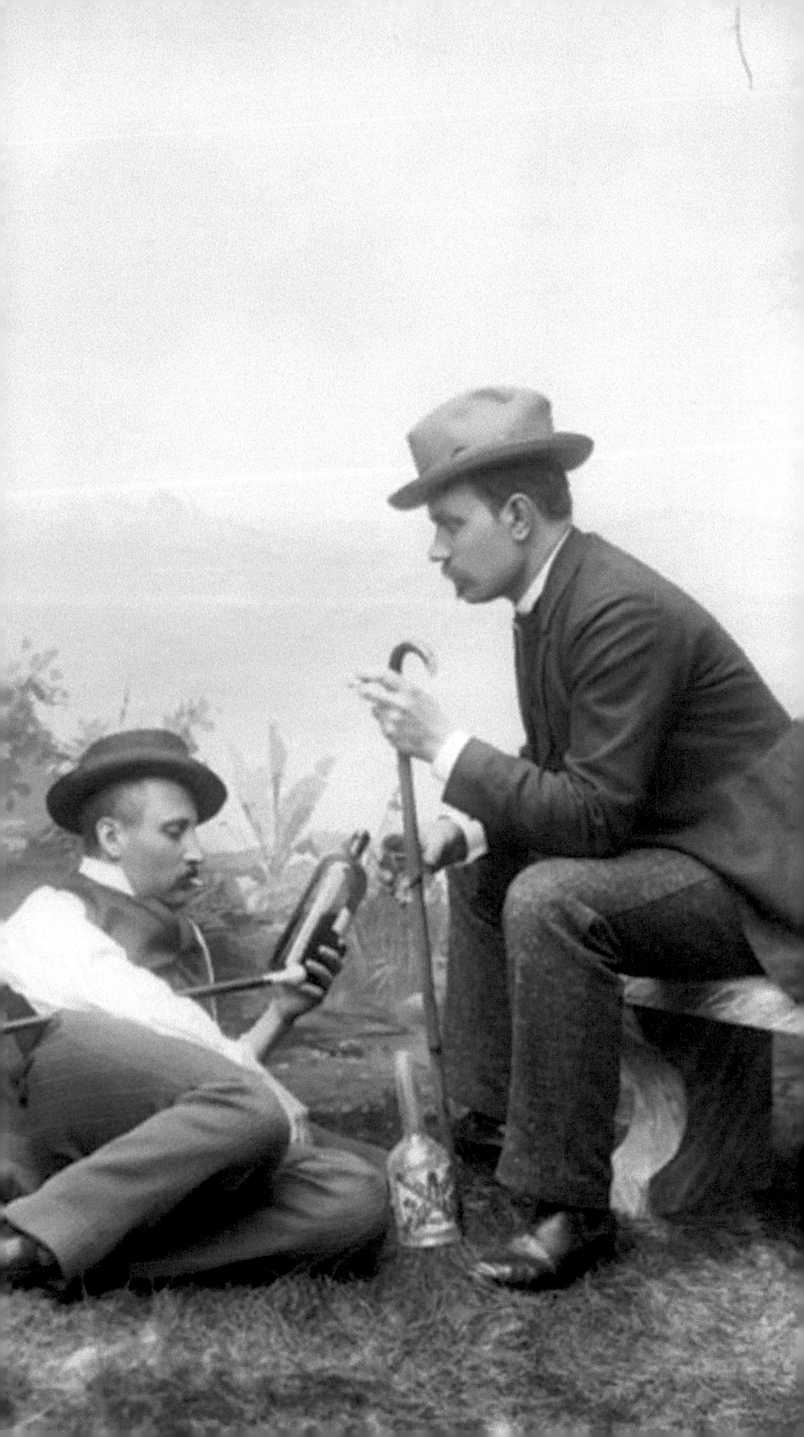

Nuori mies Hårdh, 1897

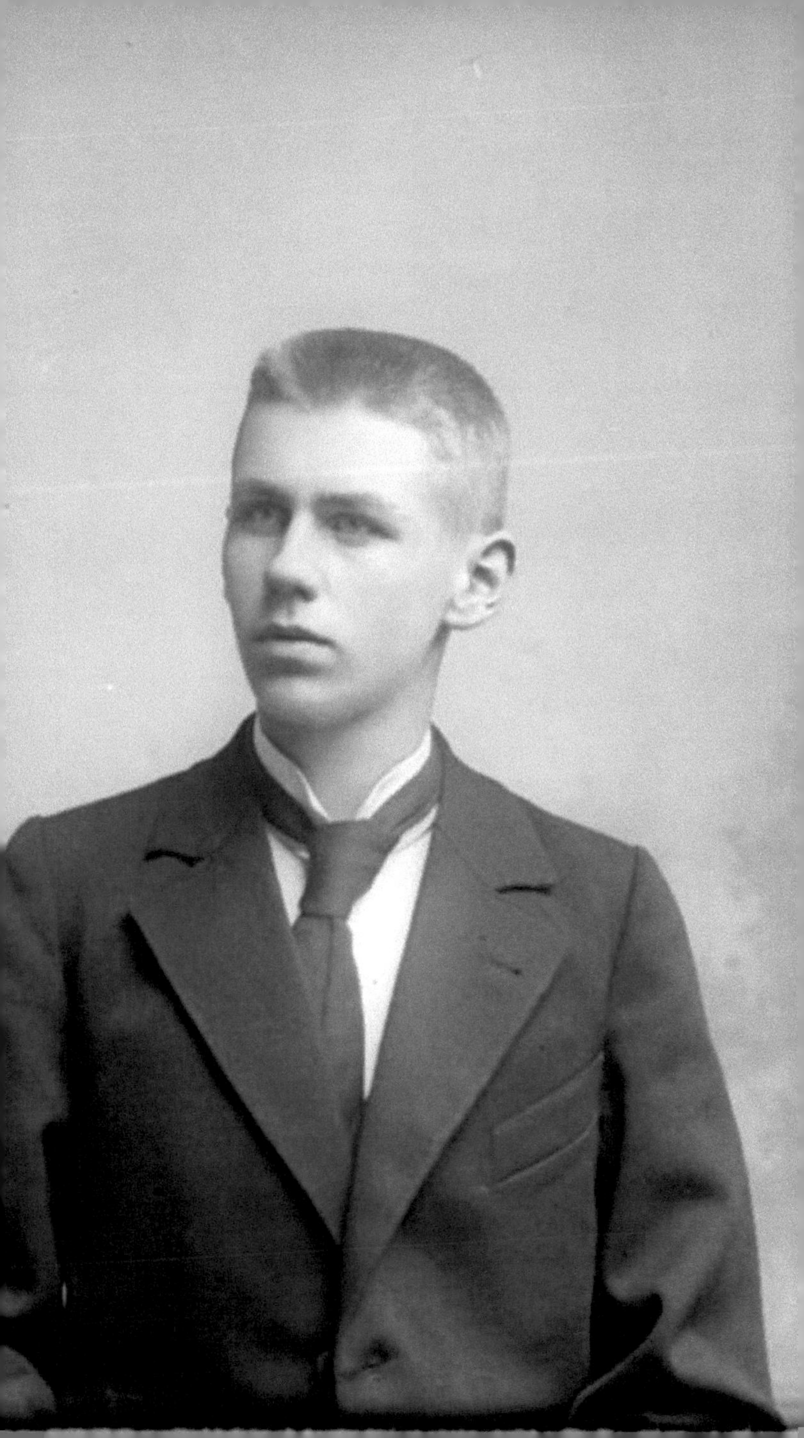

Kolme miestä ja luistimet, 1915

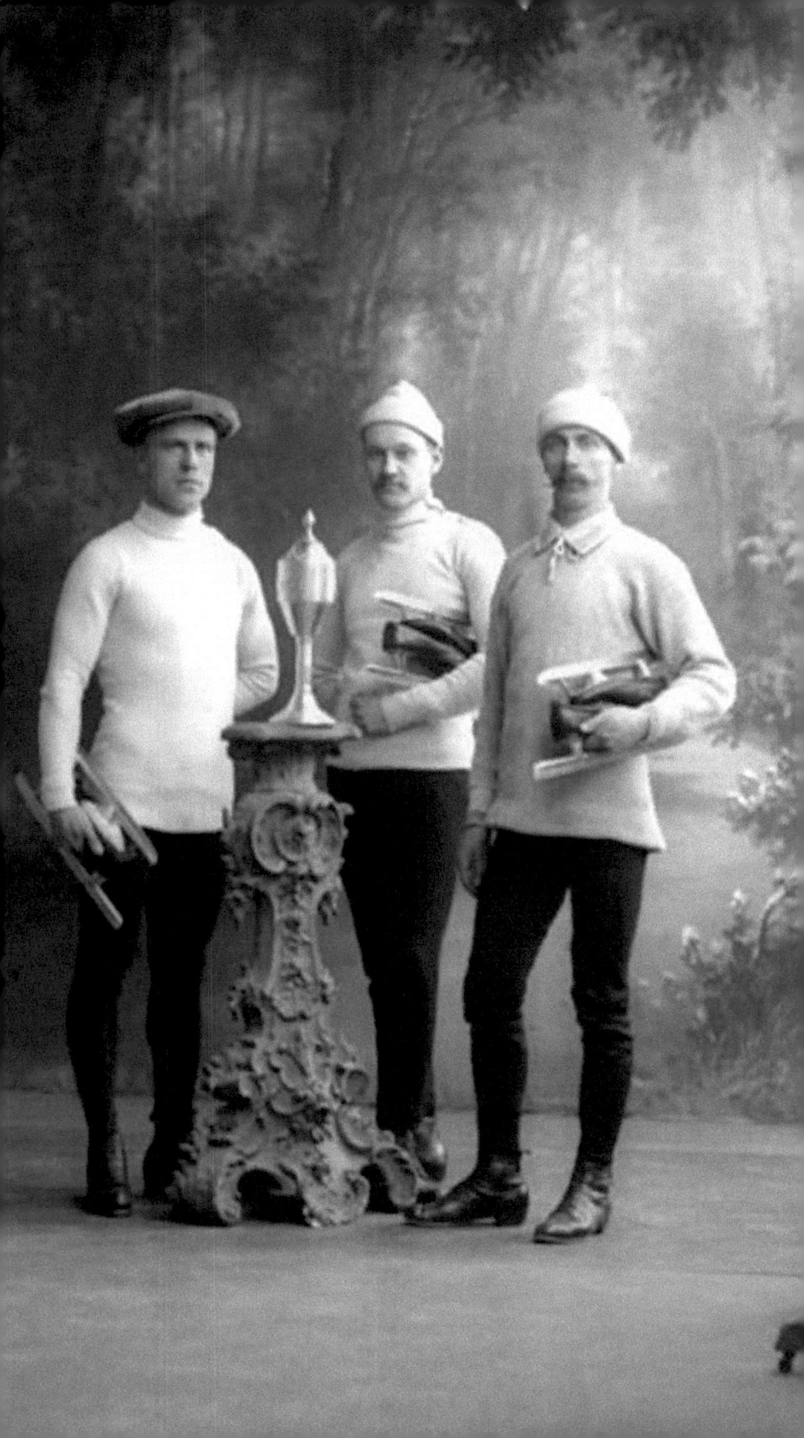

Grönfors, 1904

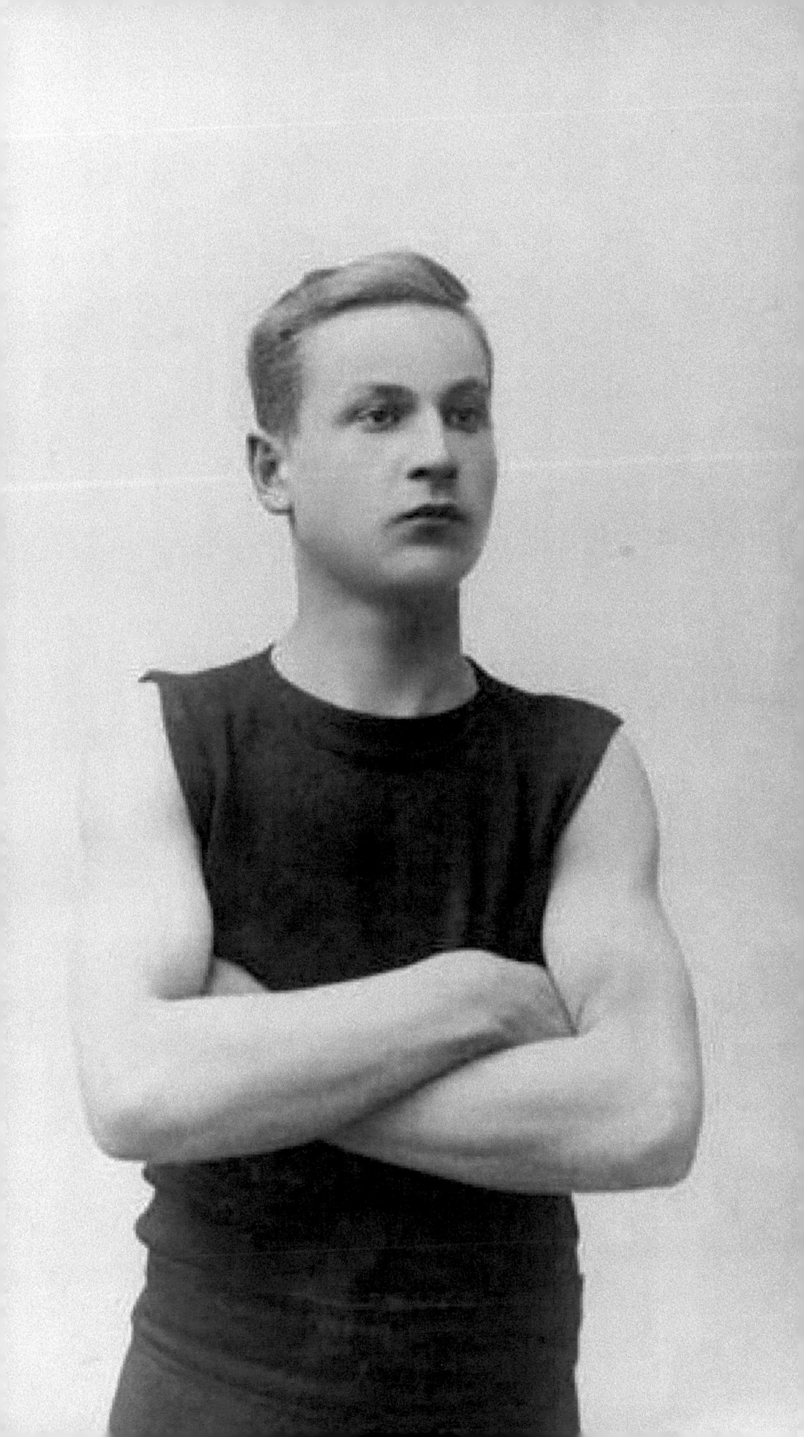

Kaksi miestä kättelee, 1916

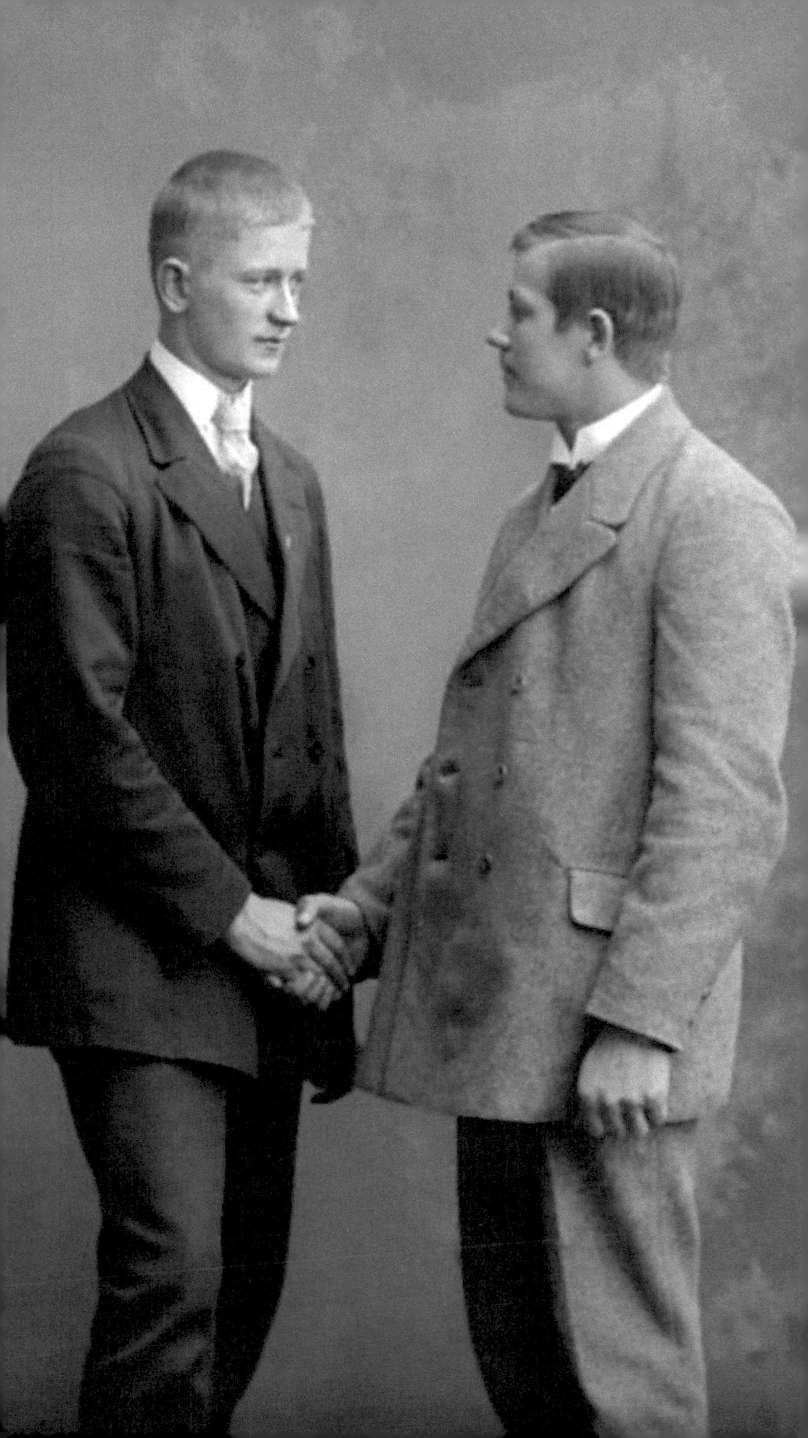

Kirkkoherra Fredrik Mielonen, 1924

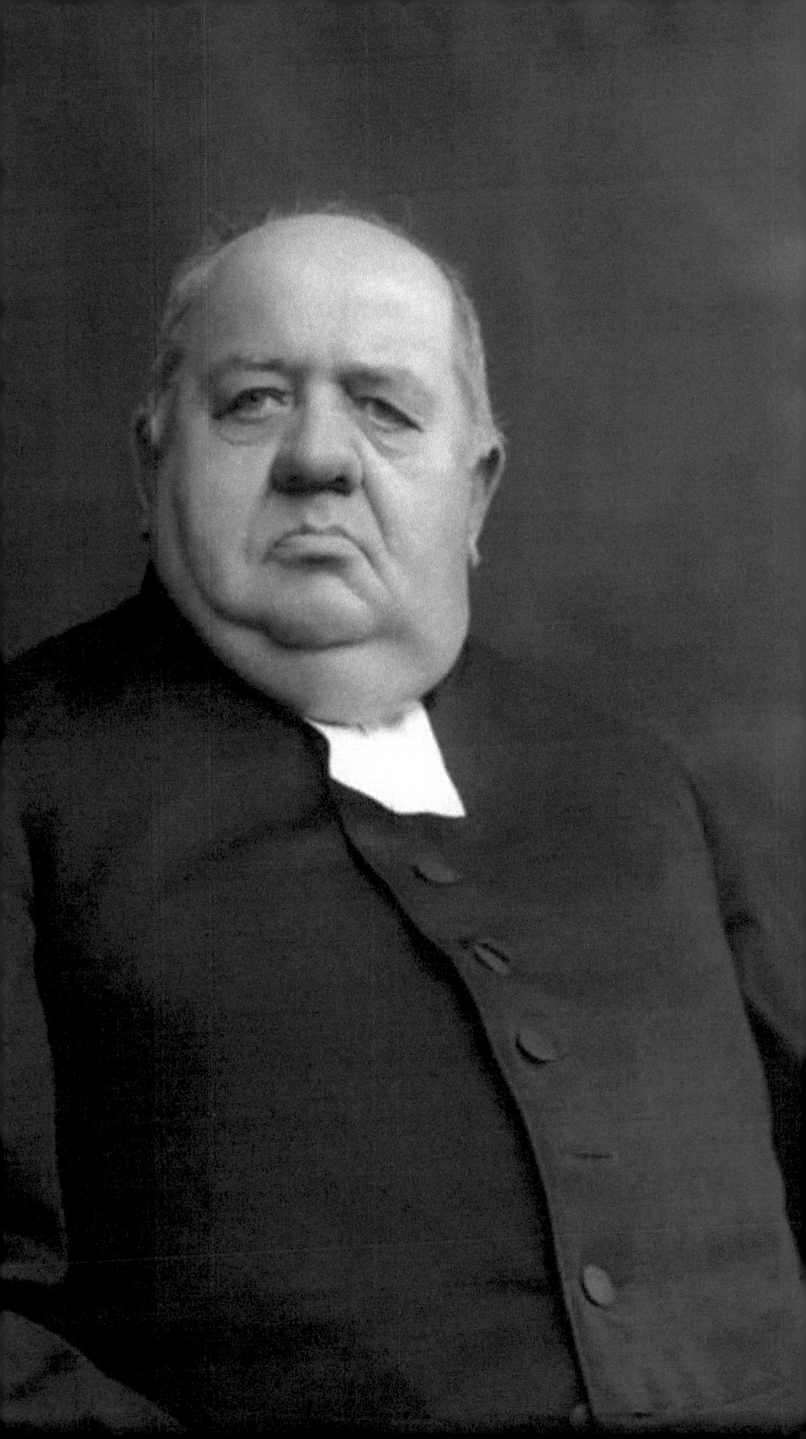

Forstenin pojat ja koira, 1910

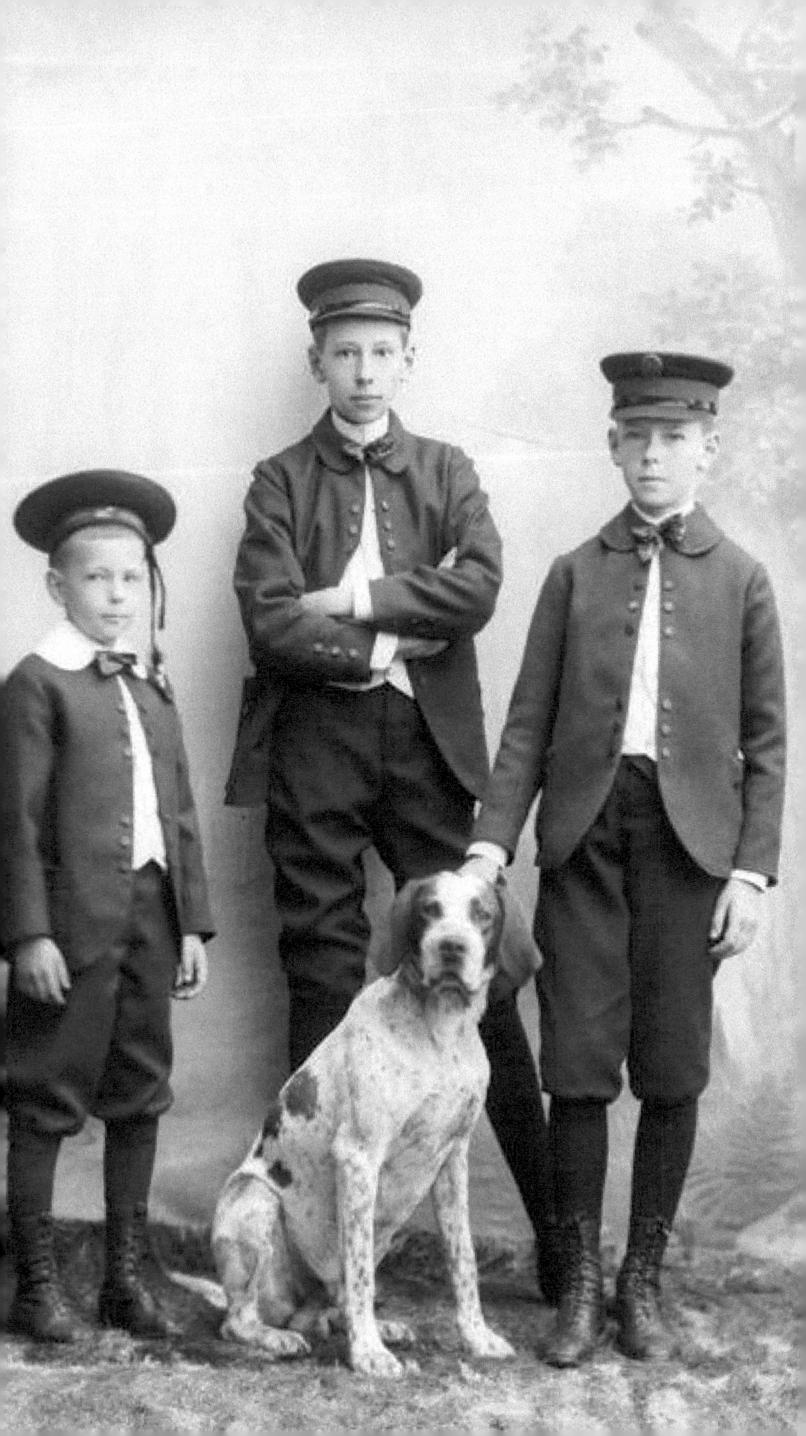

Sven Karvinen uimahousuissa, 1914

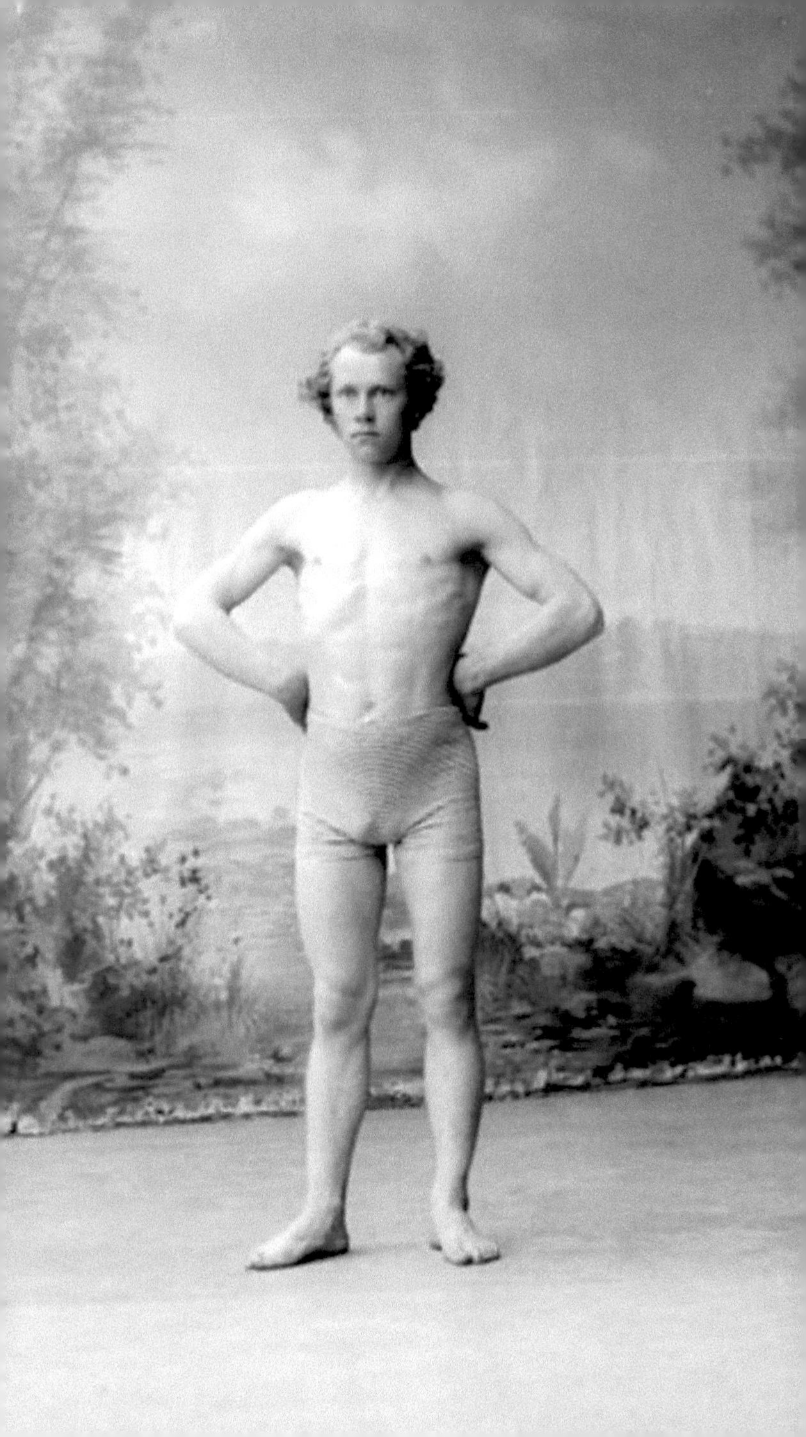

Tohtori Lindroth ja poika, 1912

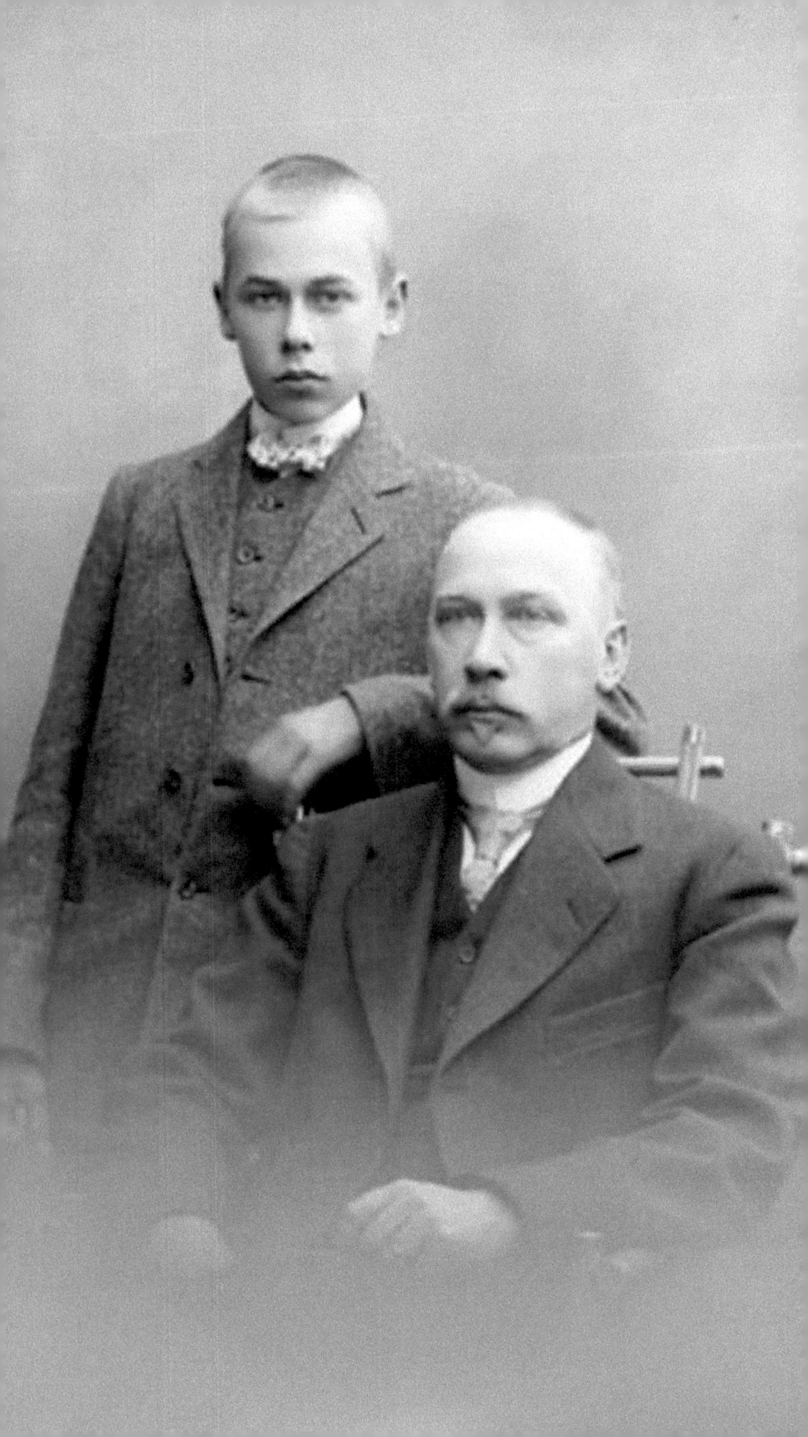

Manne Nyman ja äidin kuva, 1917

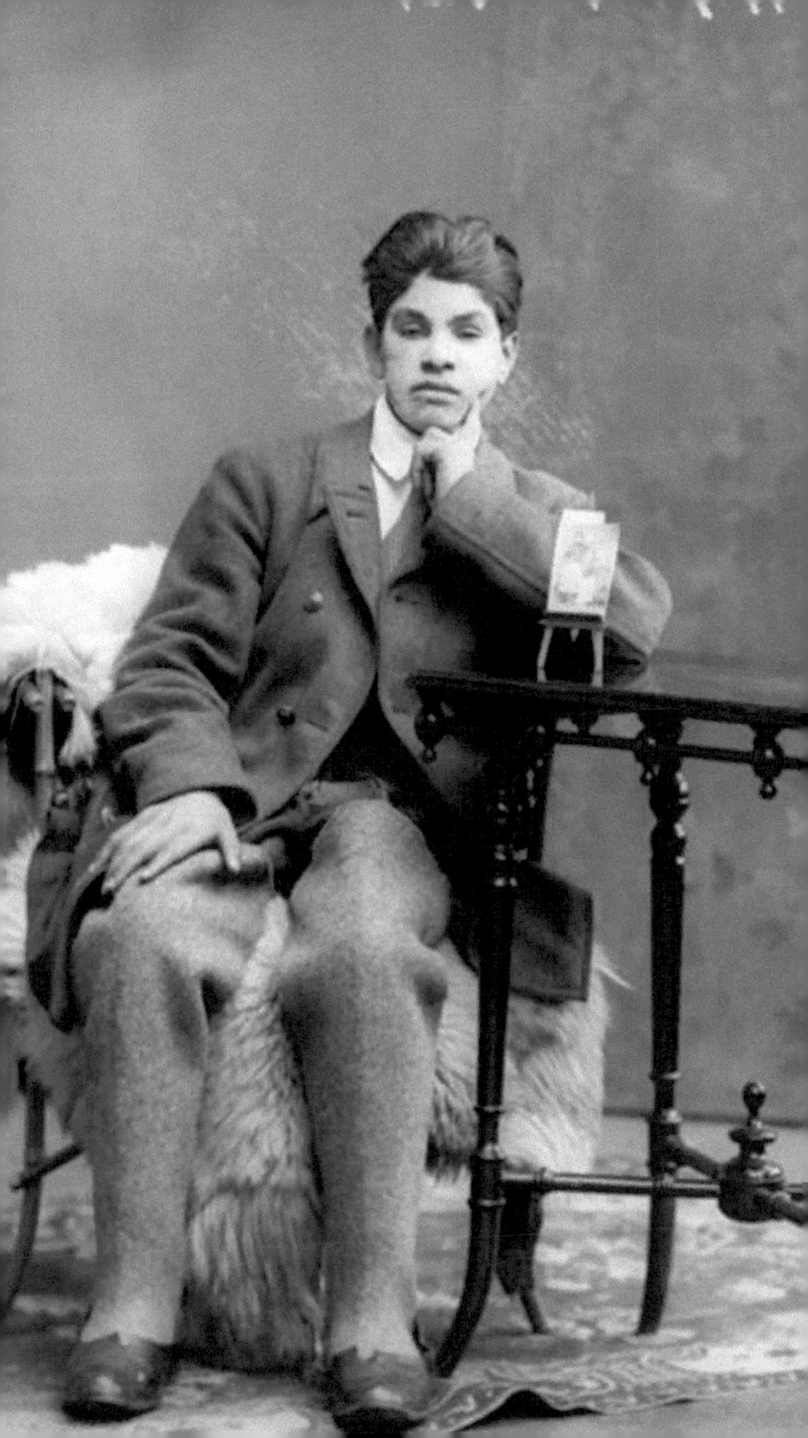

Antti Karttunen toisen pojan kanssa, 1919

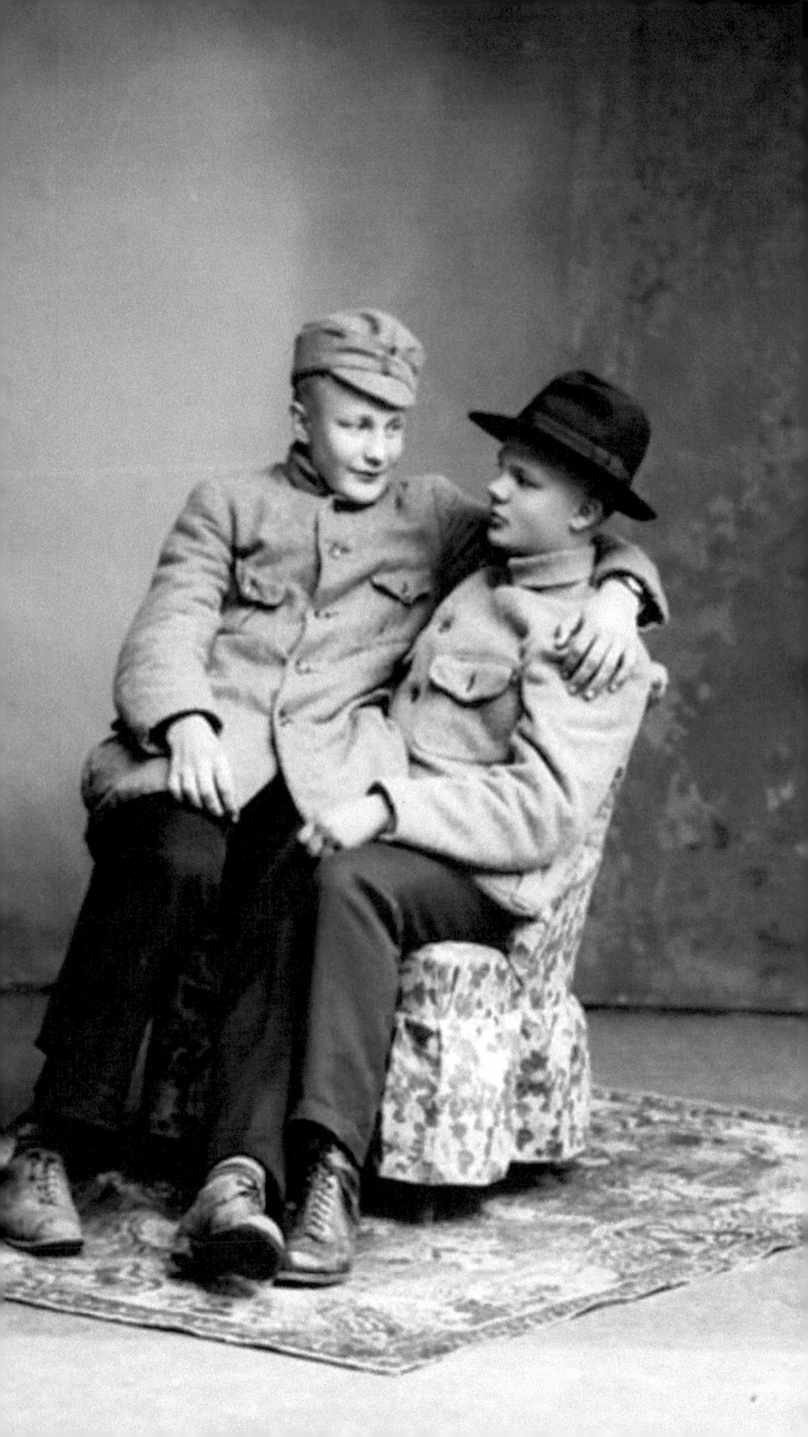

Ravintoloitsija Ahlberg nostaa lasia, 1899

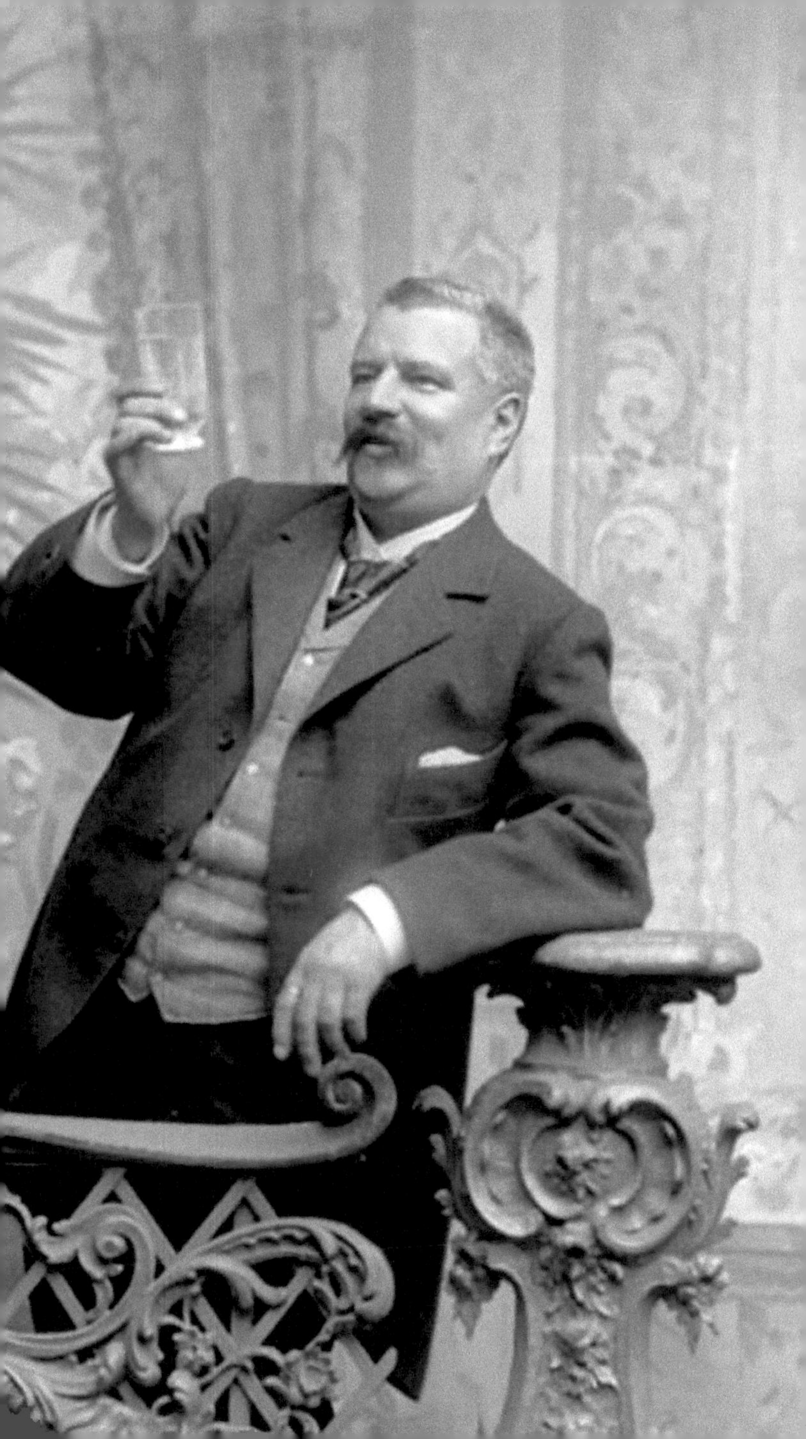

Sirkuksen voimamiehet, 1893–1910

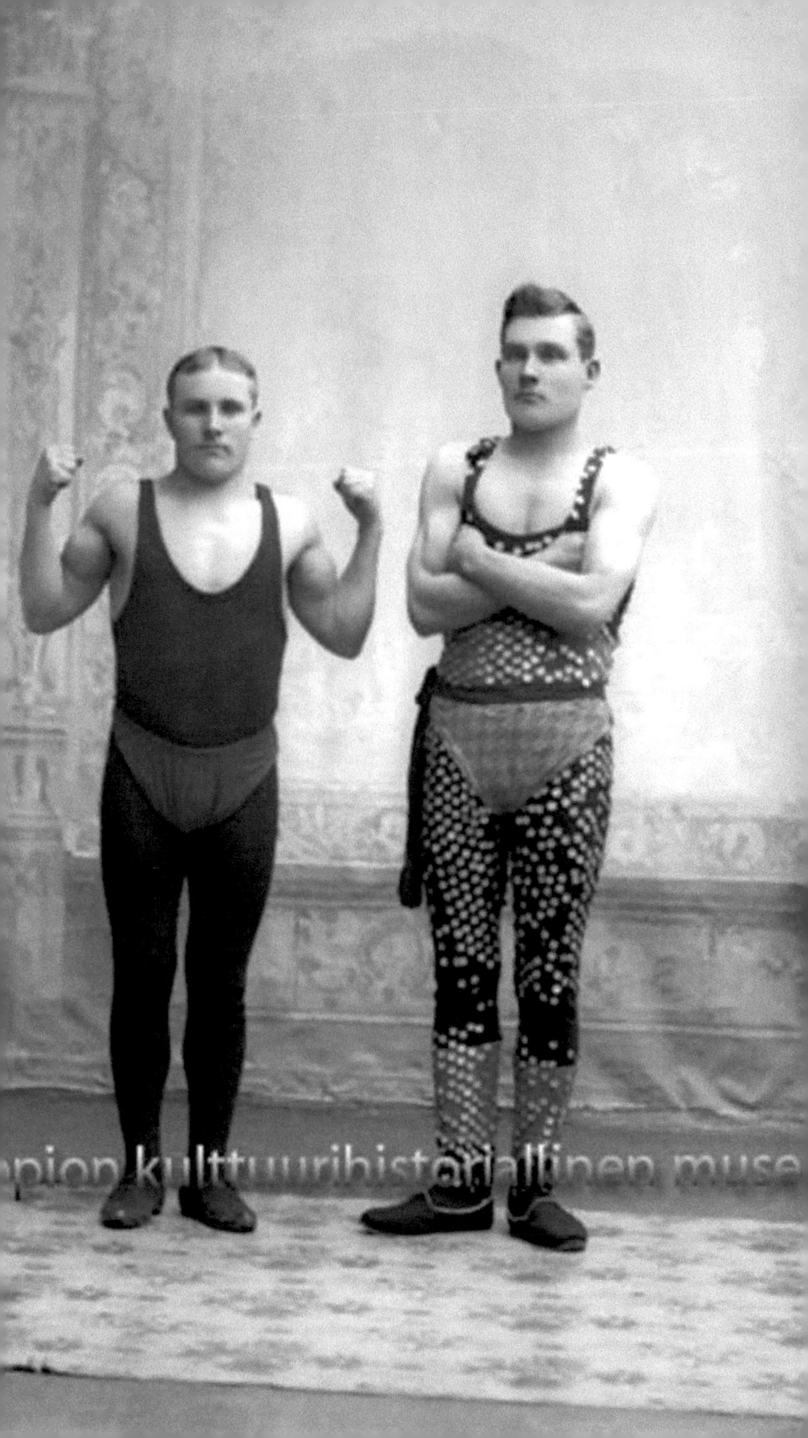

Valokuvaaja Victor Barsokevitsch, 1907

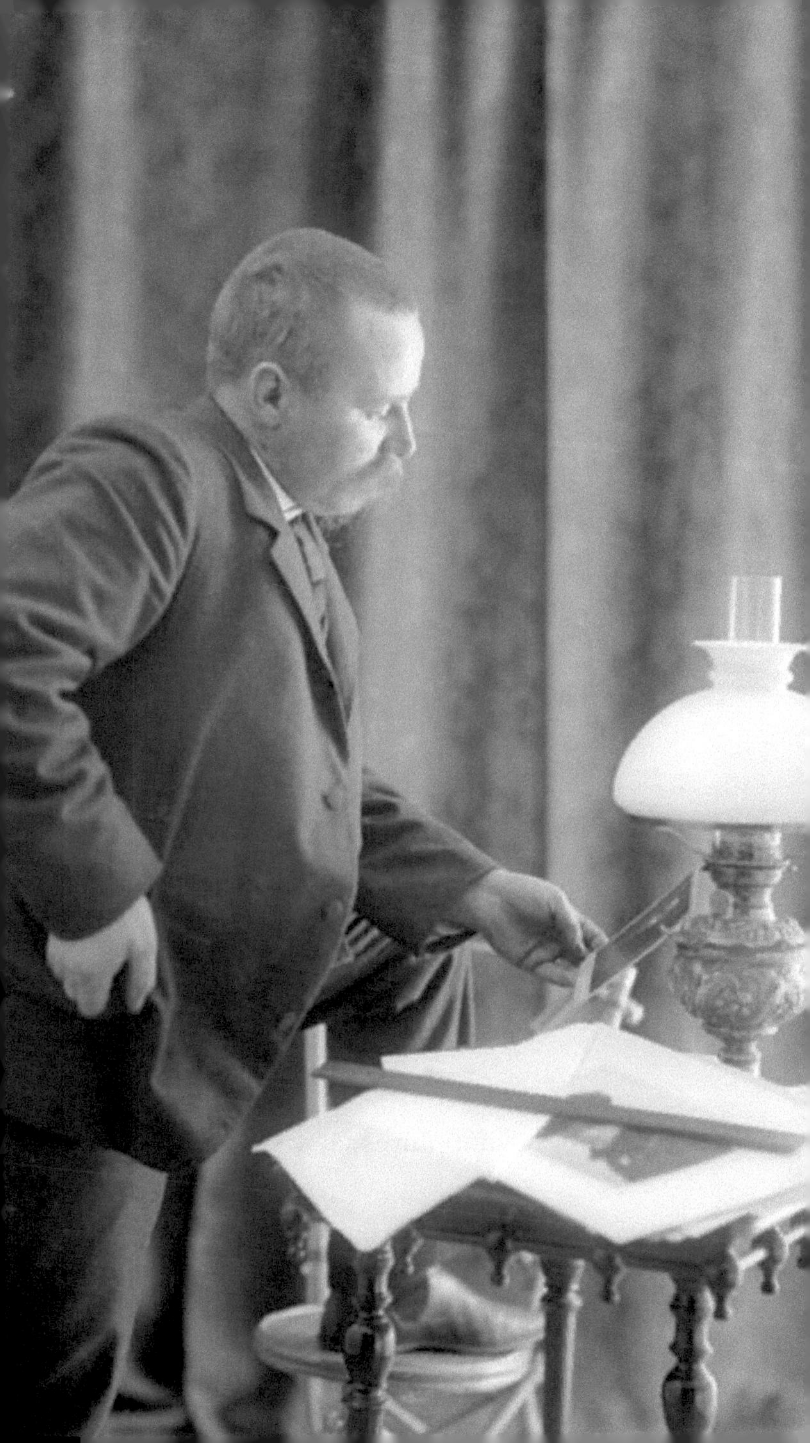

Kaksi miestä pöydän ääressä, 1897

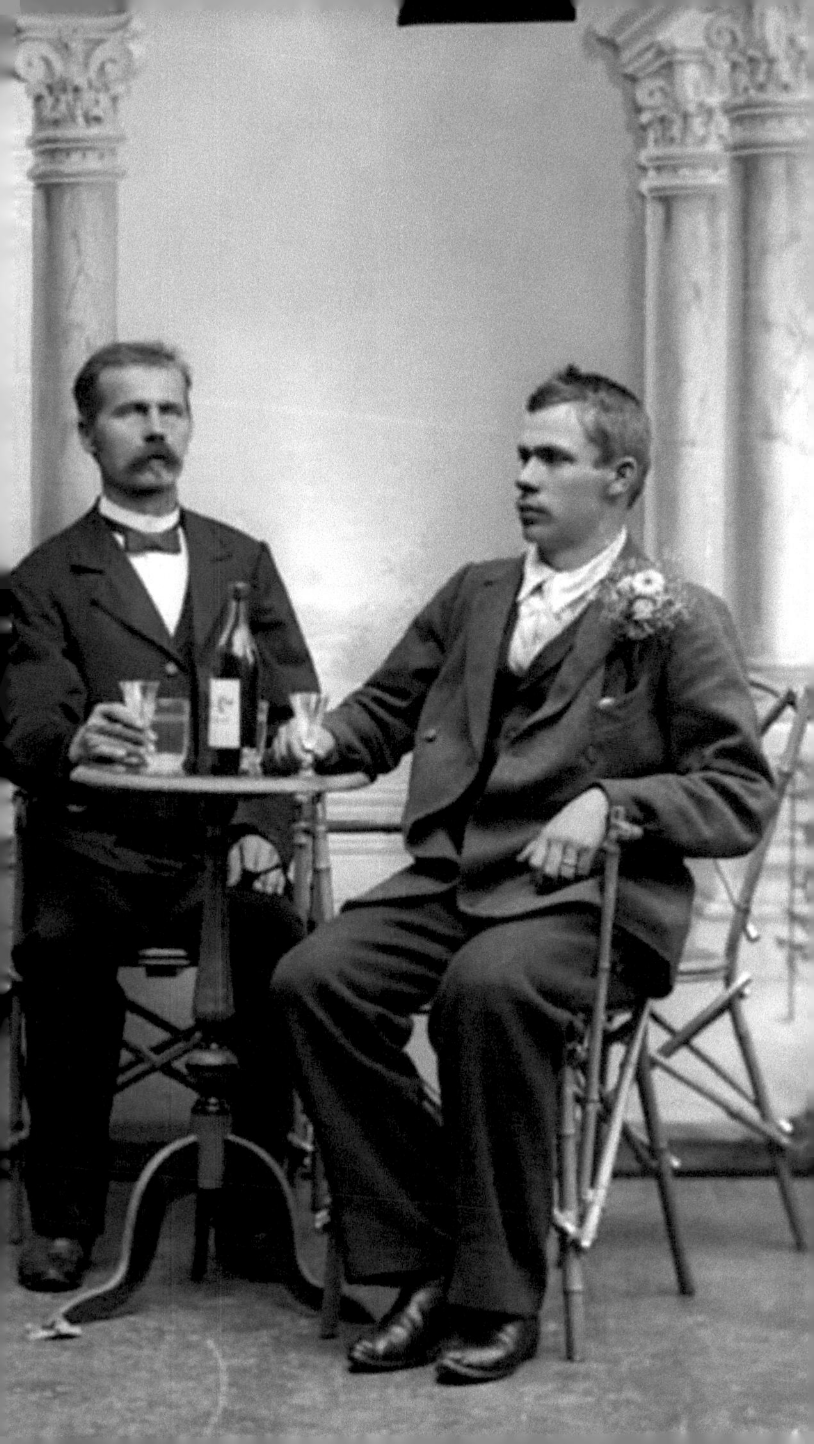

Pieni poika Hårdh, 1897

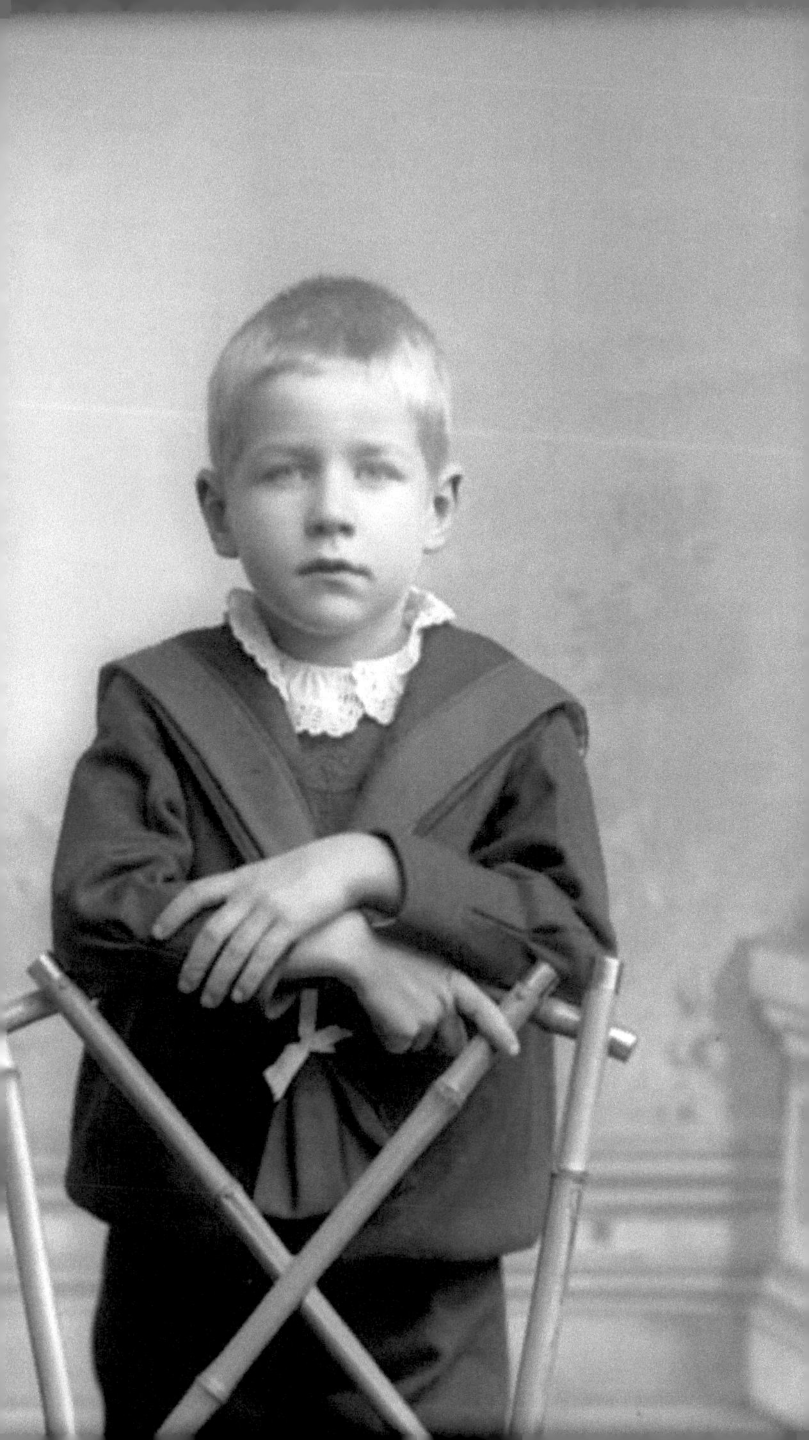

Kaksi saksalaista herraa, 1909

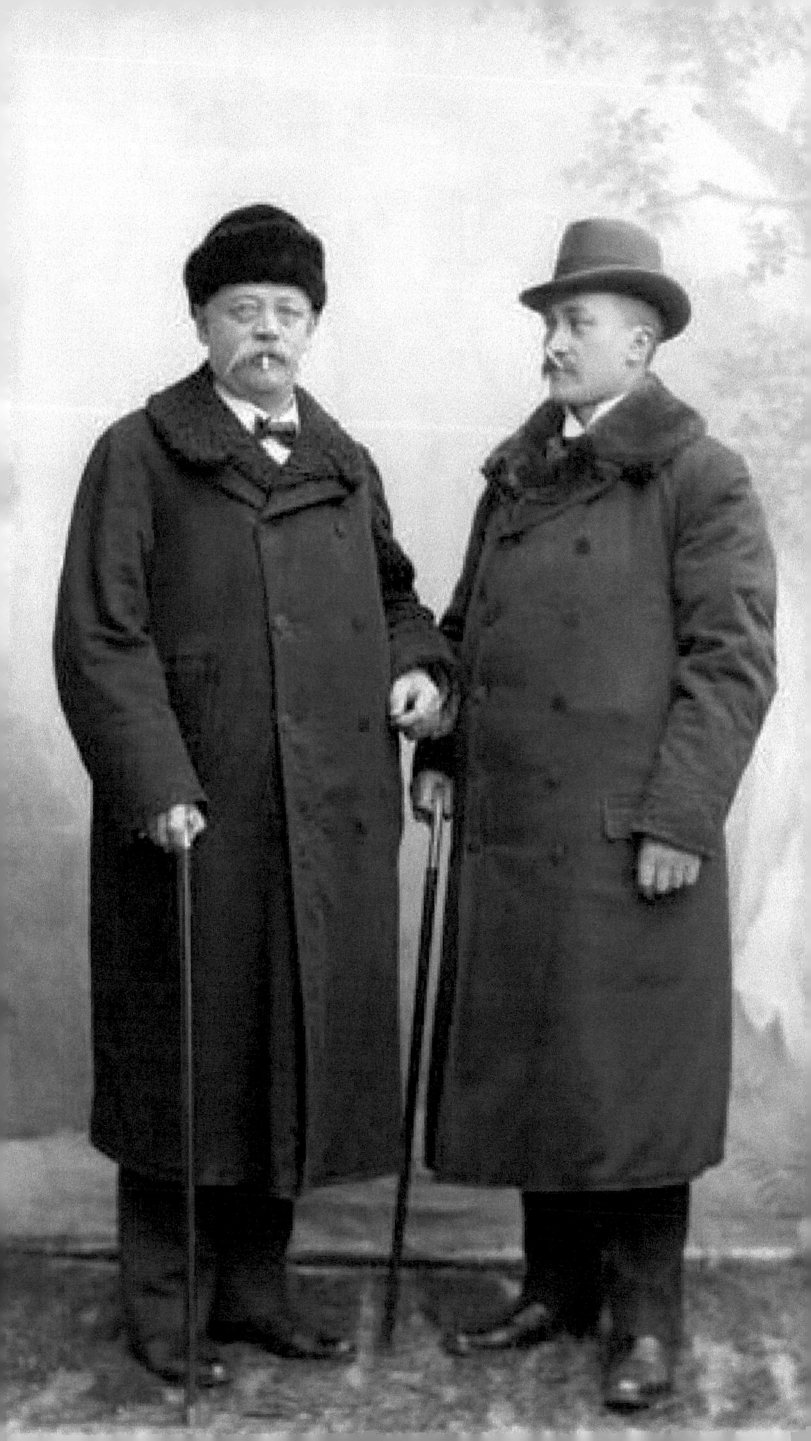

Mies ja koira, 1902

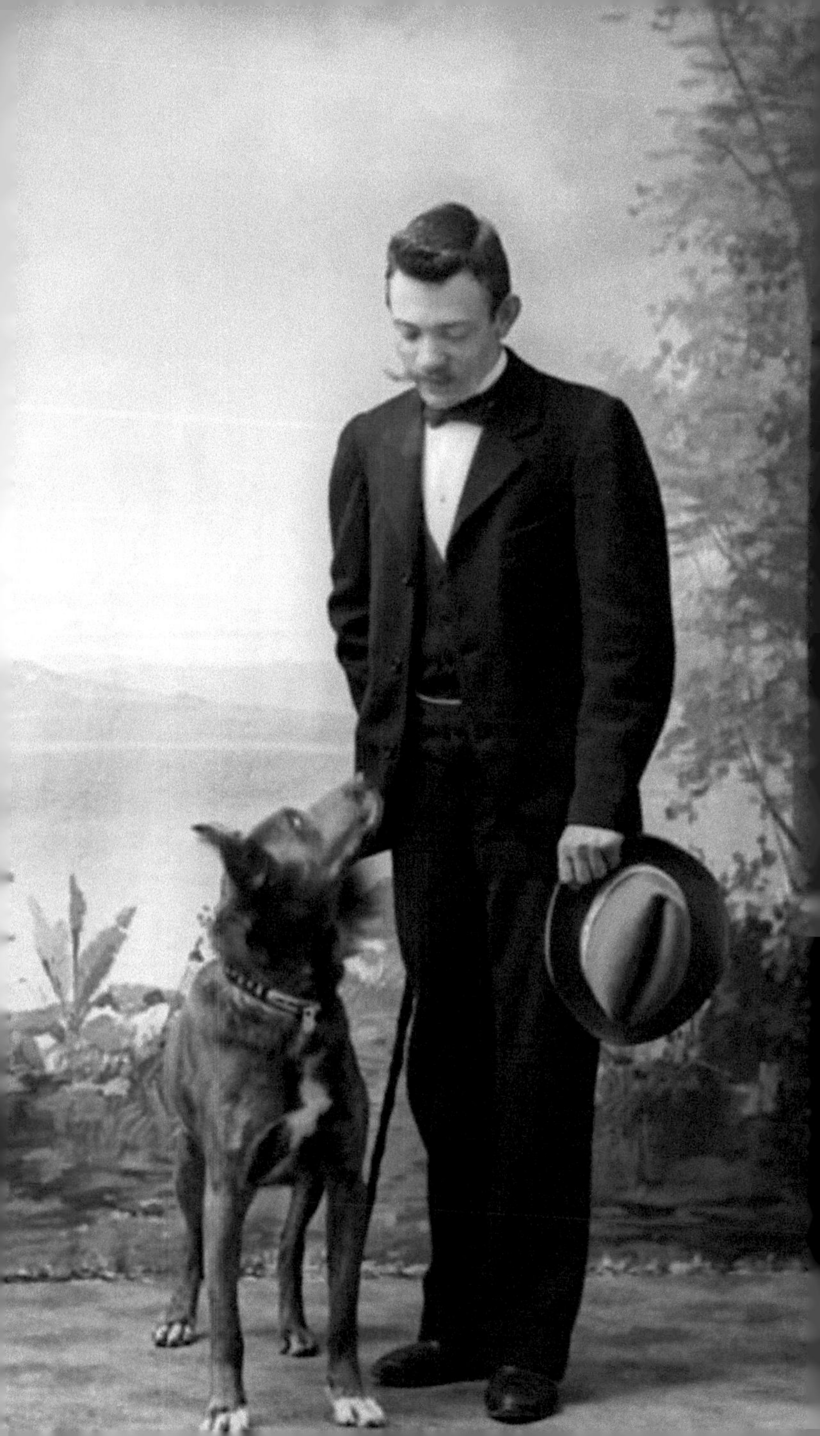

Perfiljeffin pojat raitapaidoissa, 1901

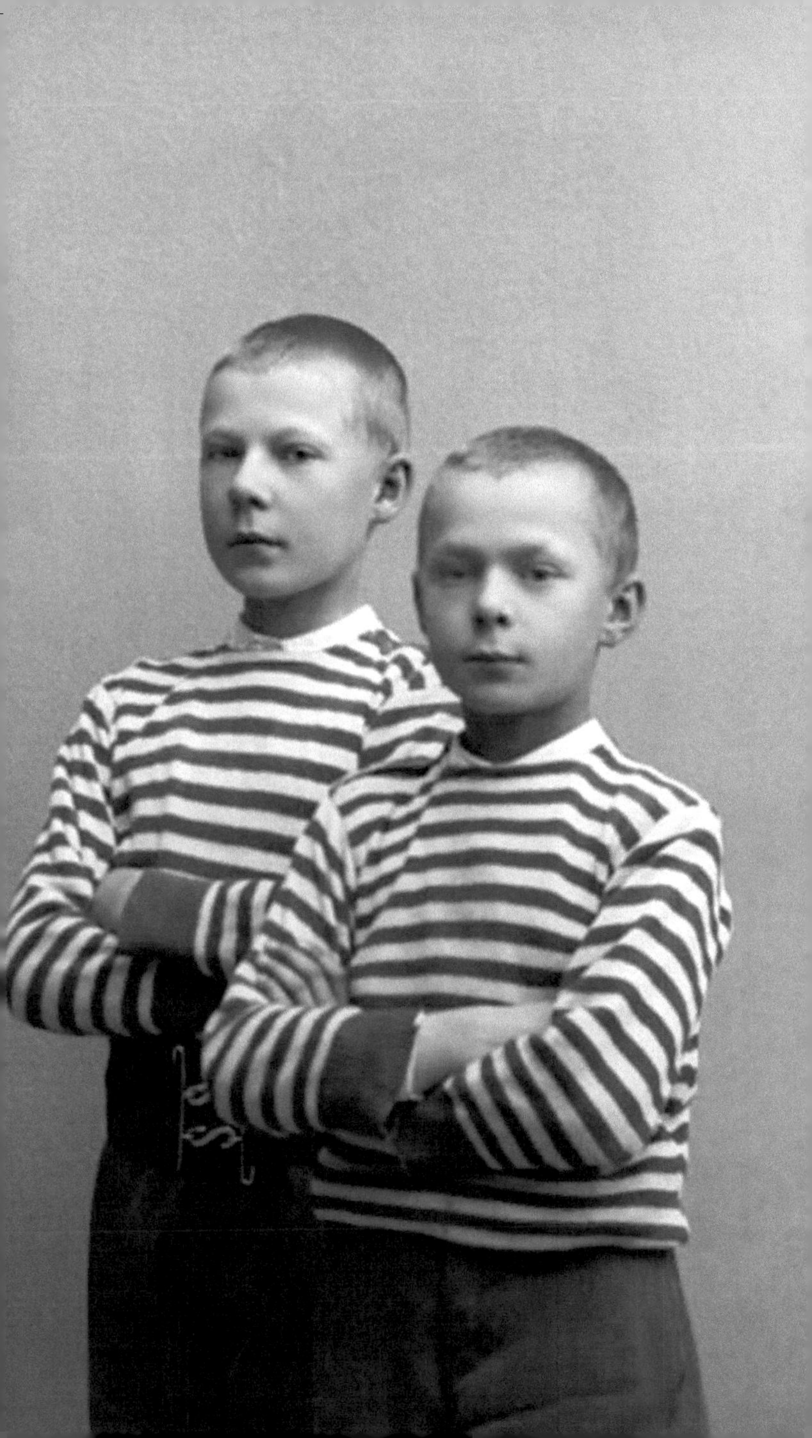

Urheilija mitaleineen, 1906

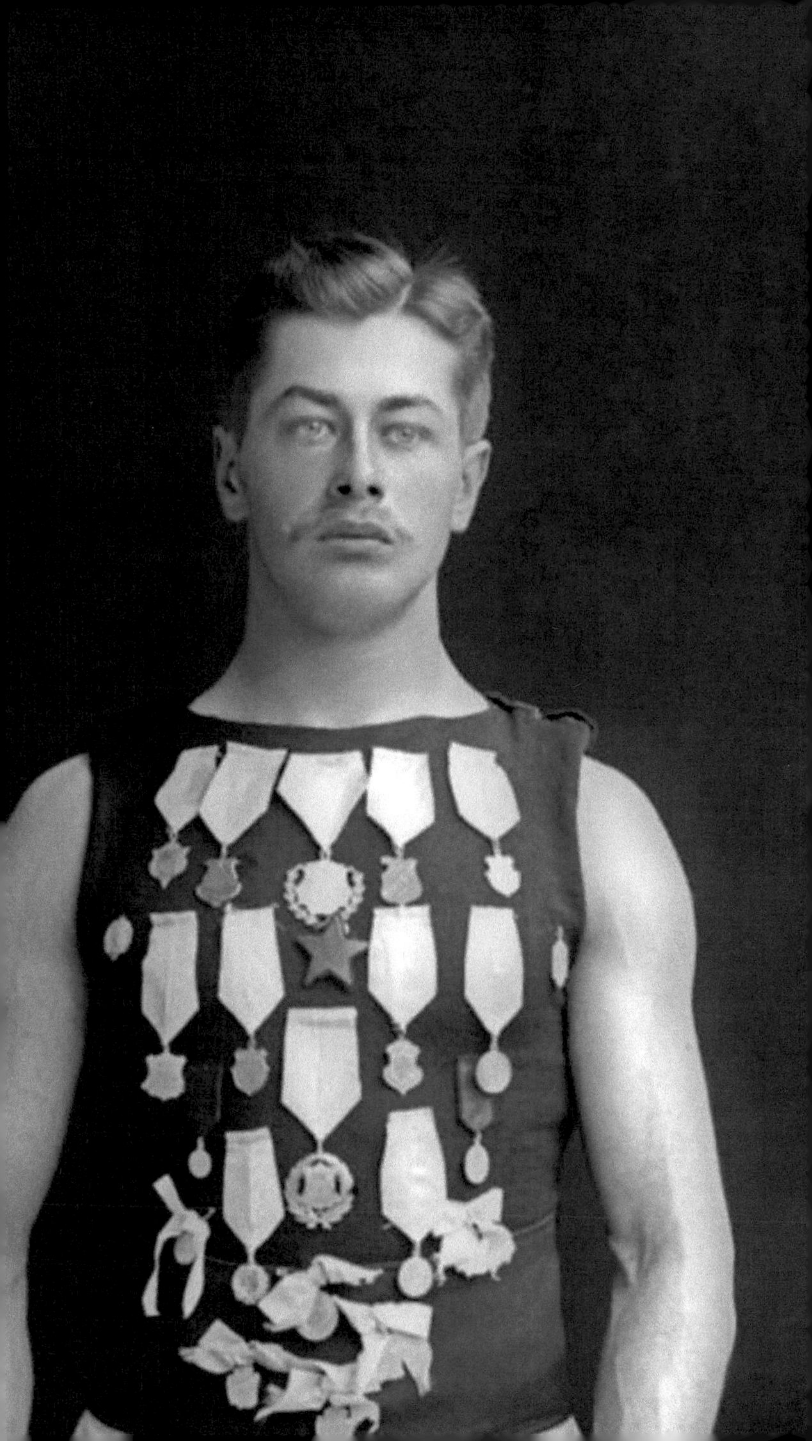

Nuohoojamestari Fredrik Pöyhönen ja kisälli, 1919

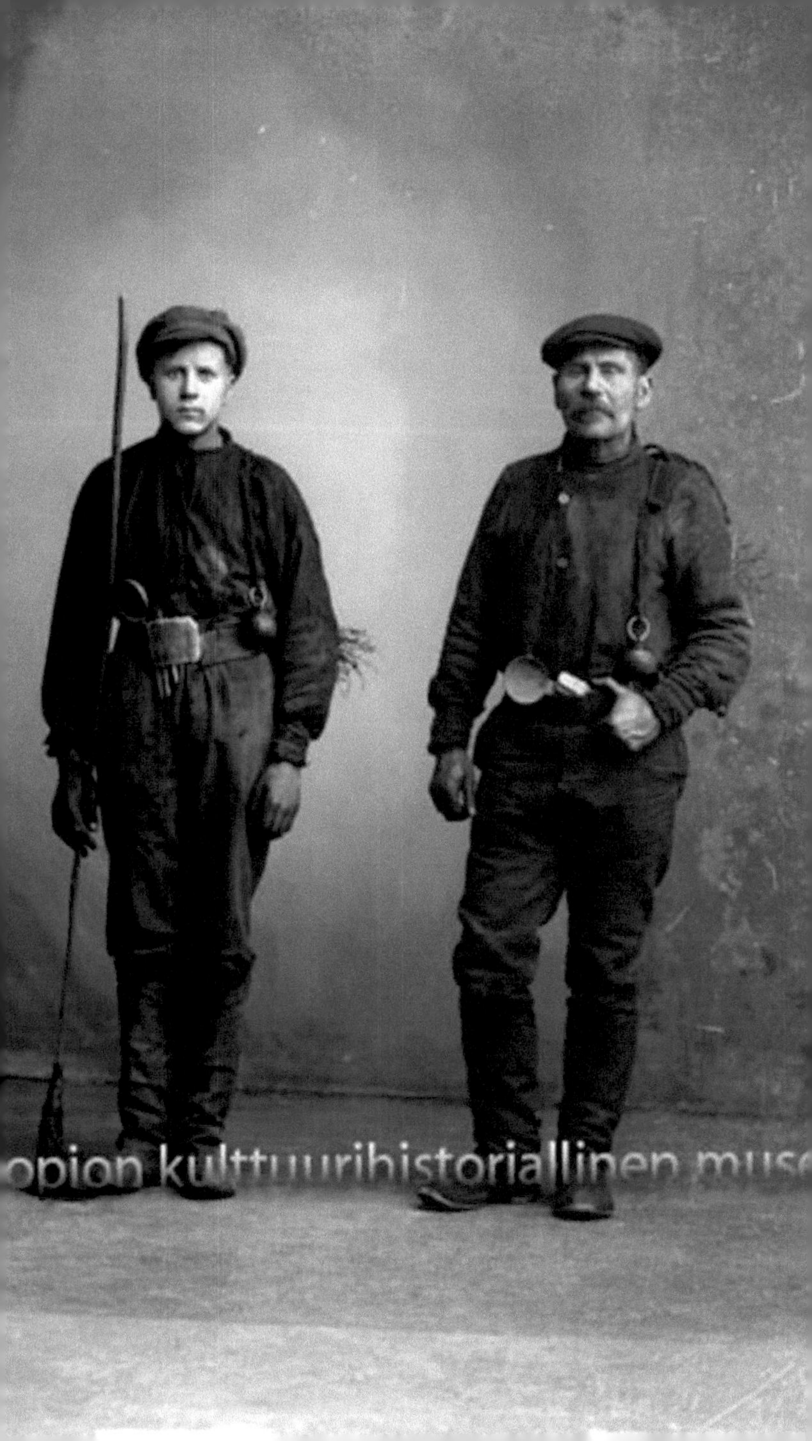

Näyttelijä Heikki Tiettinen rooliasussa, 1920

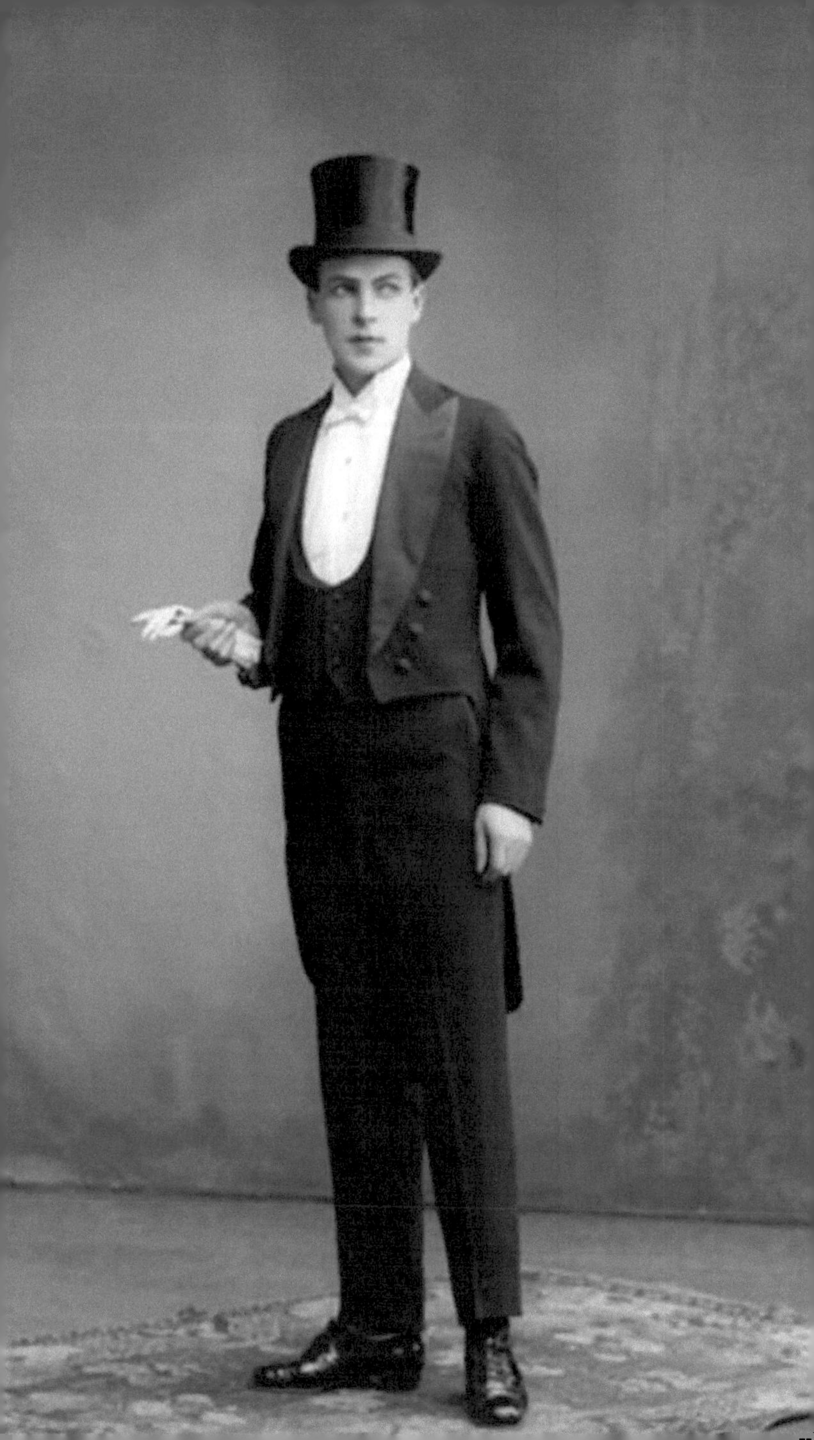

Kolme kilpapyöräilijää, 1914

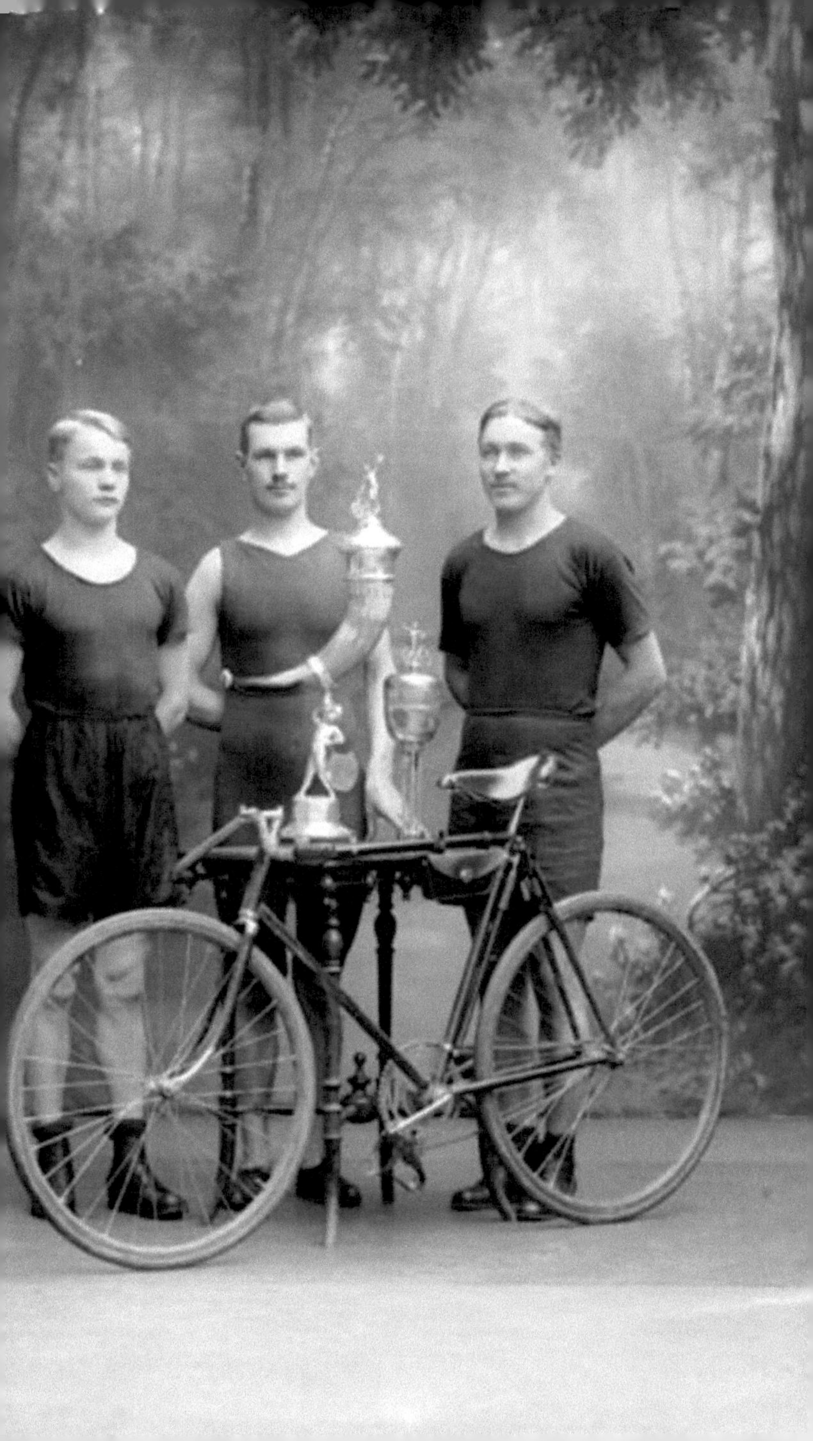

Luutnantti Sabel, 1900

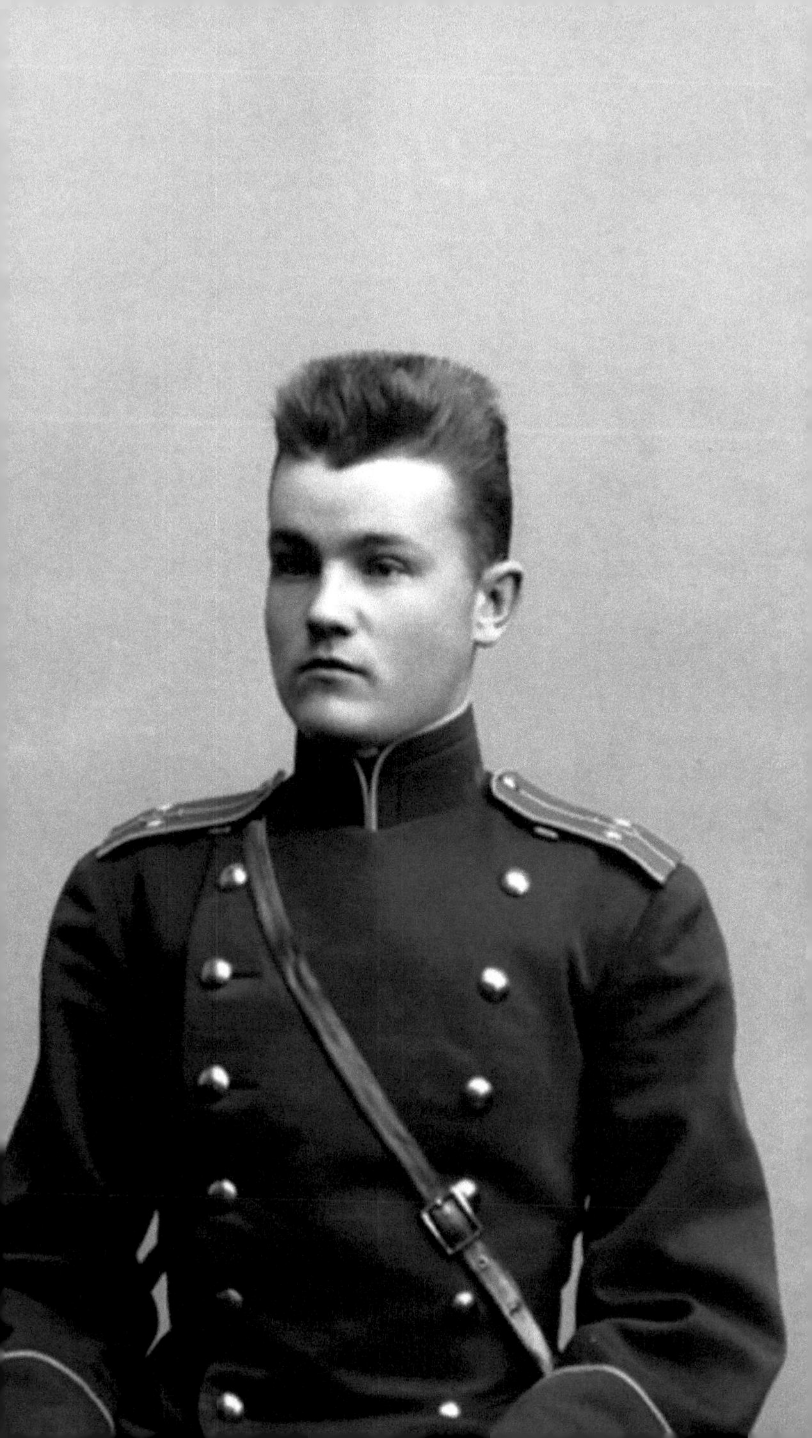

Kuusi poikaa, 1910

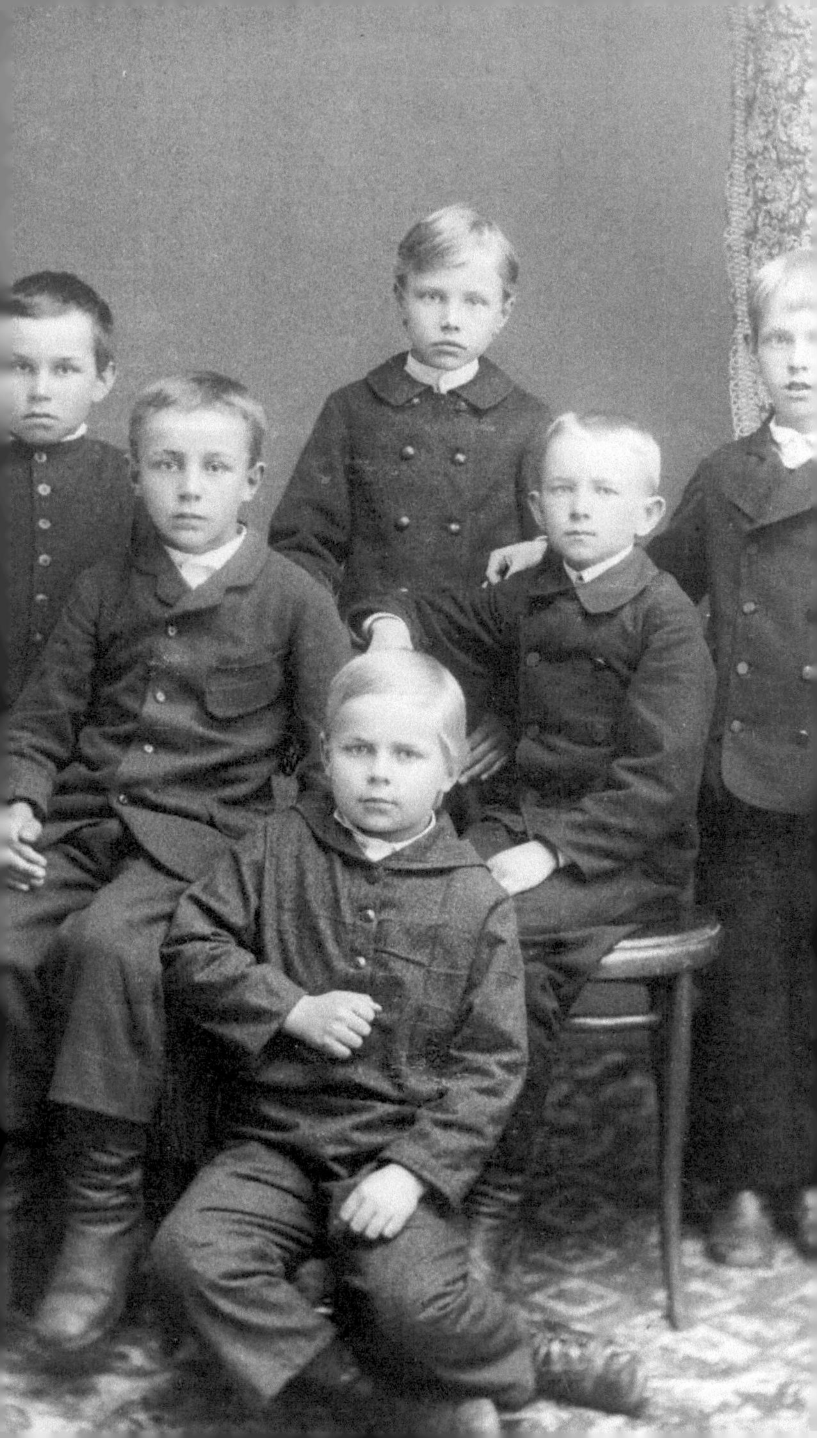

Rakennusmestari Juho Pitkänen, 1894

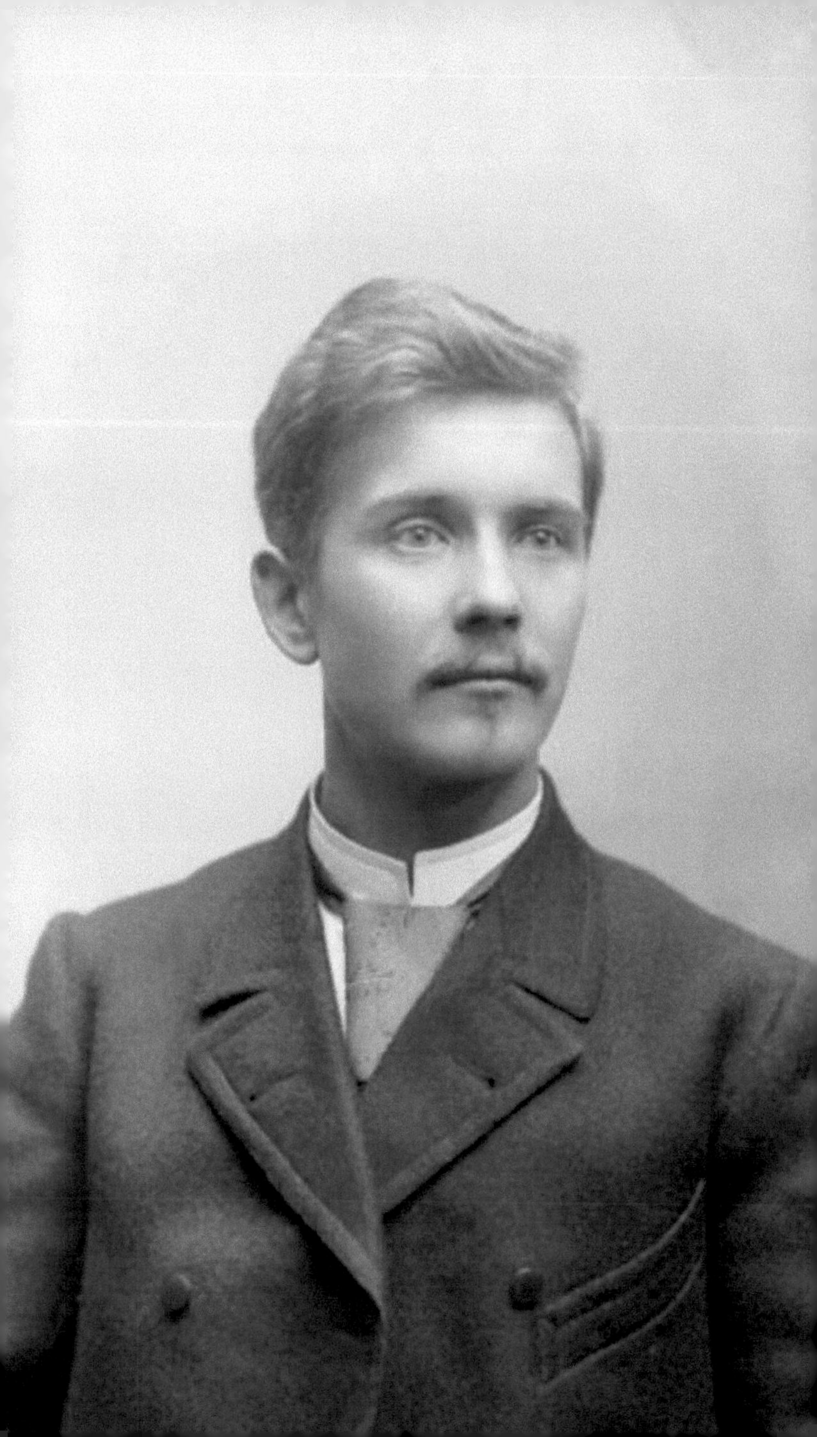

Kolme miestä ja kamera, 1905

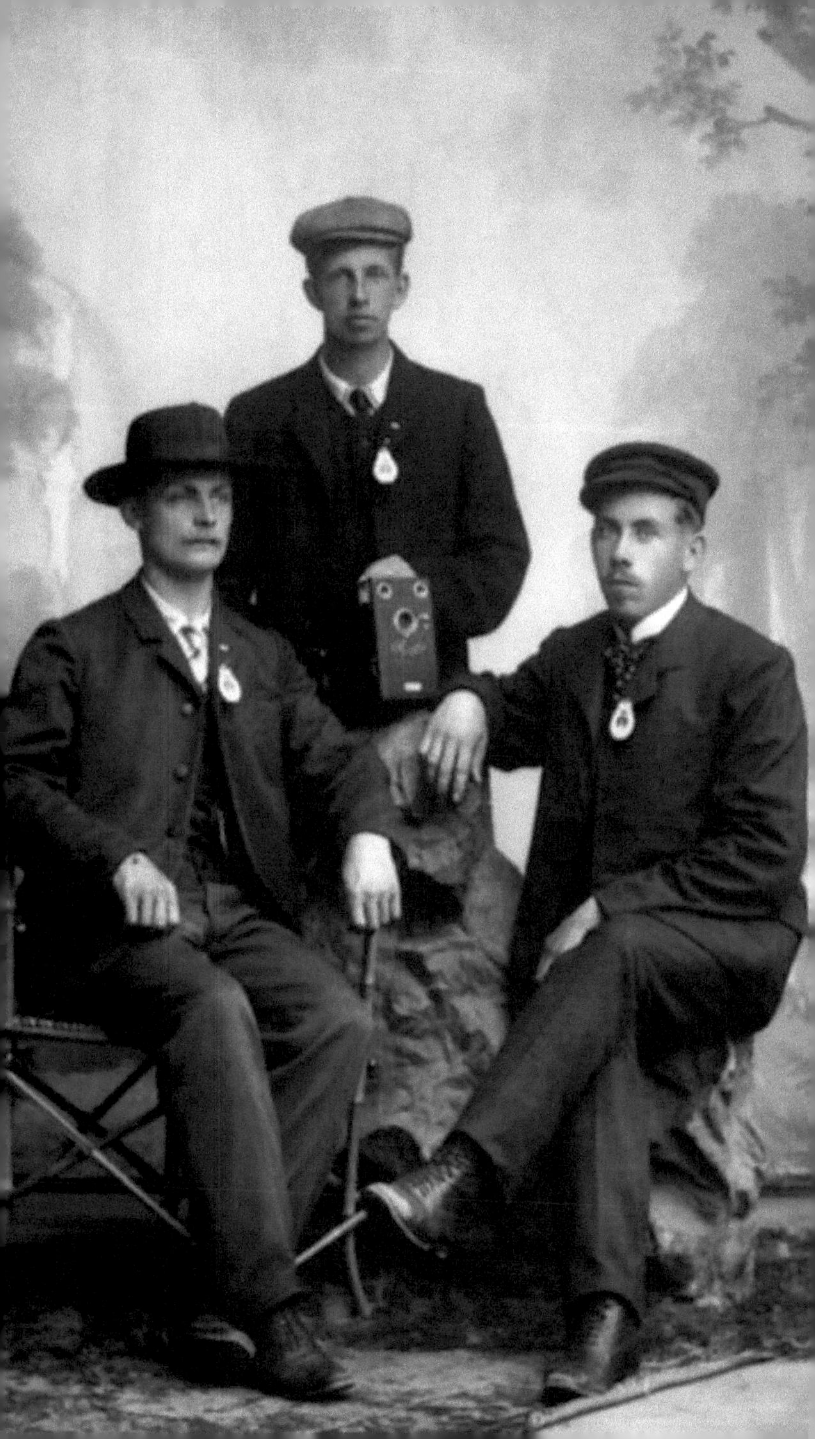

Herra Aschan susiturkissa, 1898

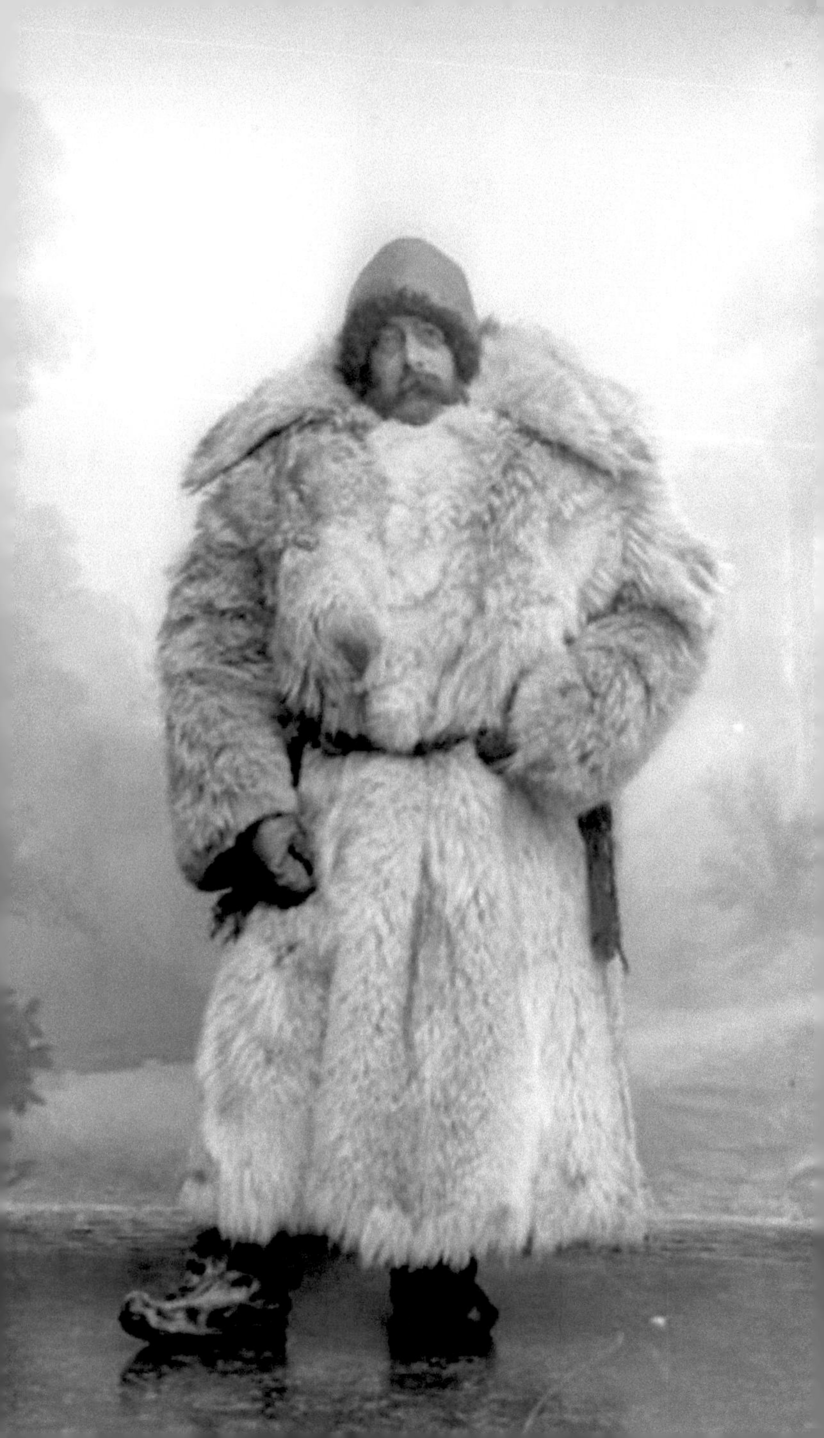

Kaksi sotilasta Suomen kaartin univormuissa, 1893–1902

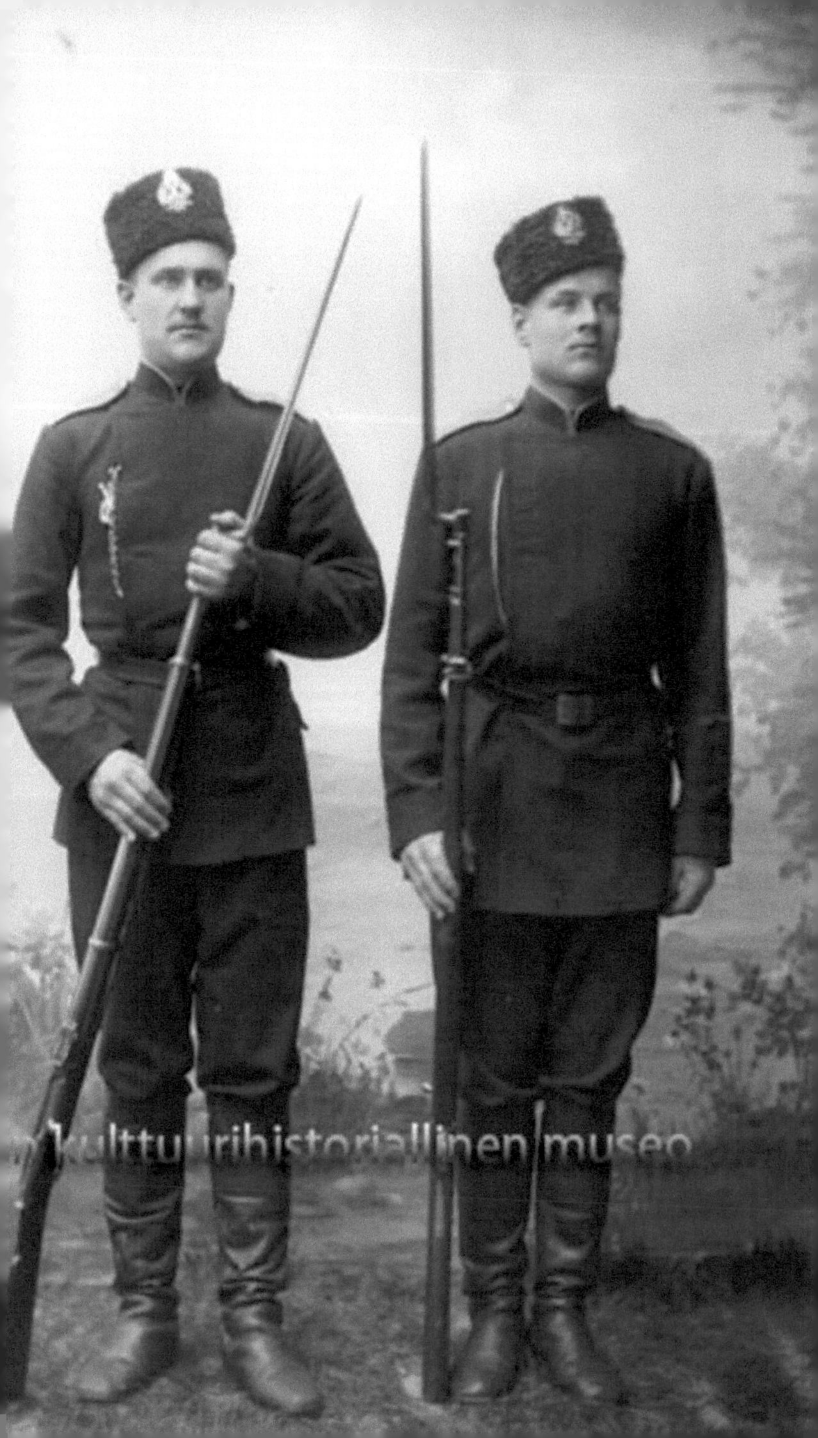
kulttuurihistoriallinen museo

Virkamies, telegrafisti, 1898–1907

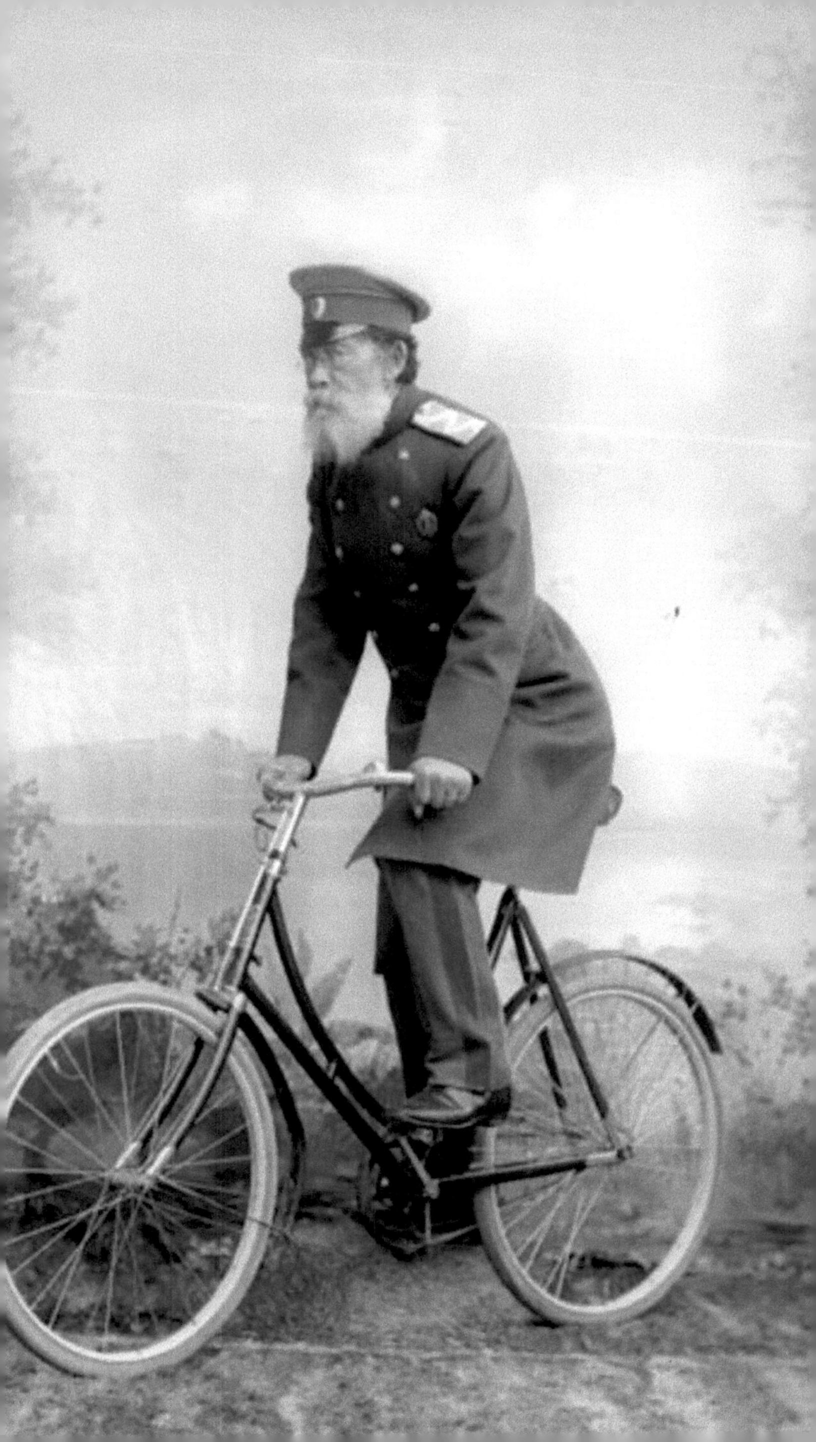

Oskar Merikanto ja Abraham Ojanperä konserttimatkalla Kuopiossa, 1902

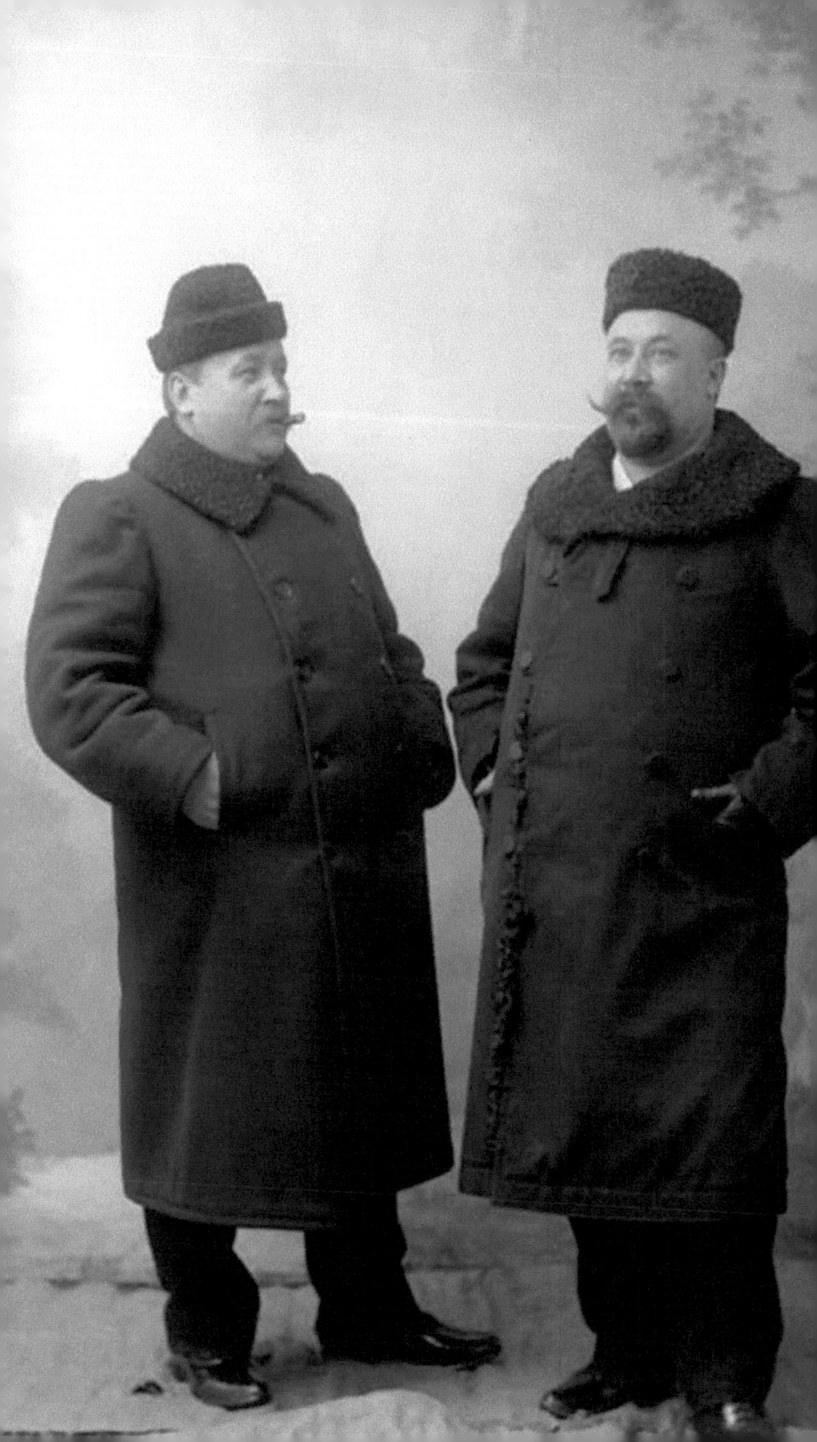

Tullinhoitaja Ville Poppius soittaa mandoliinia, 1912

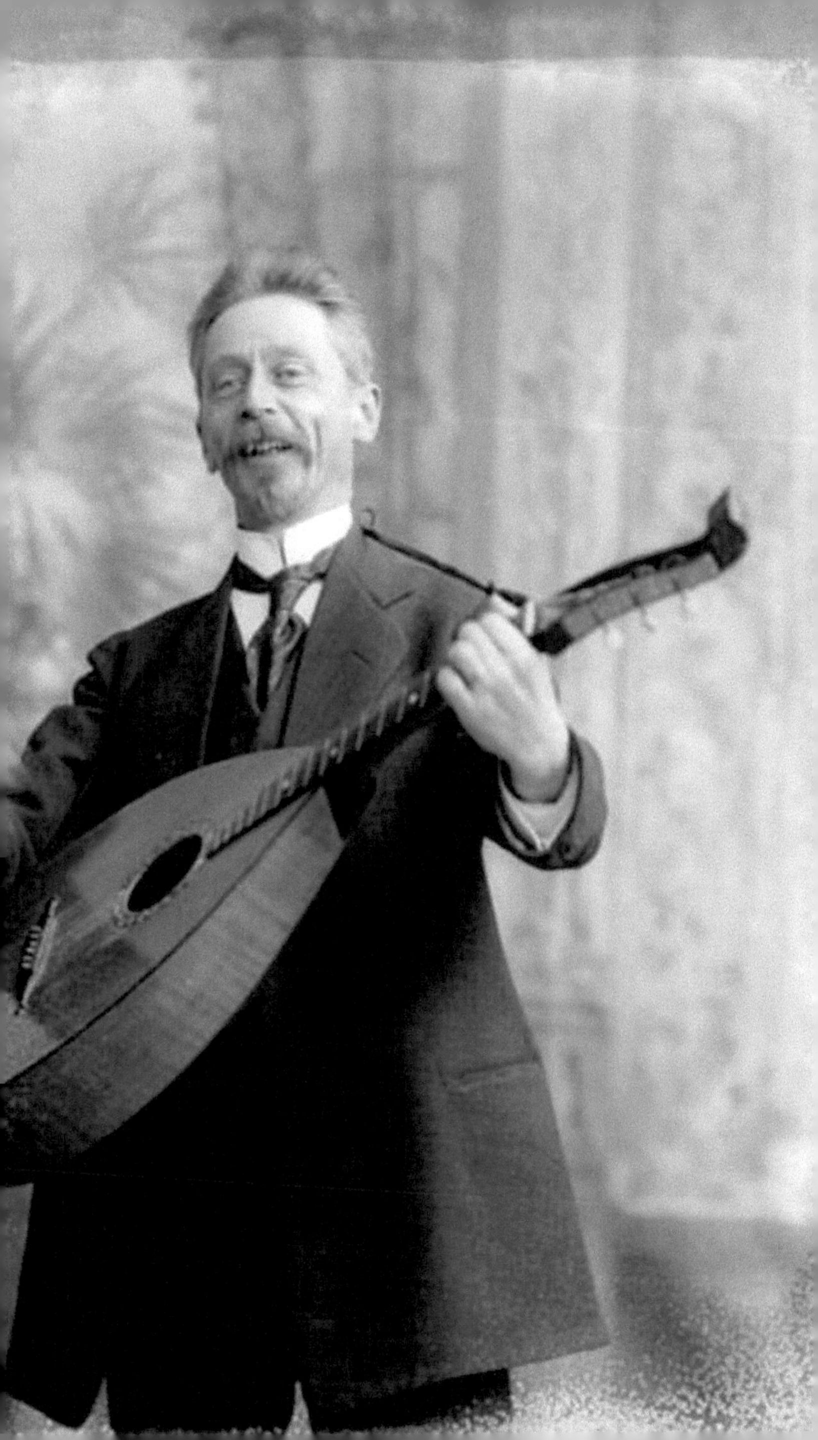

Theodor Brofeldt kahden muun nuoren miehen kanssa, 1901

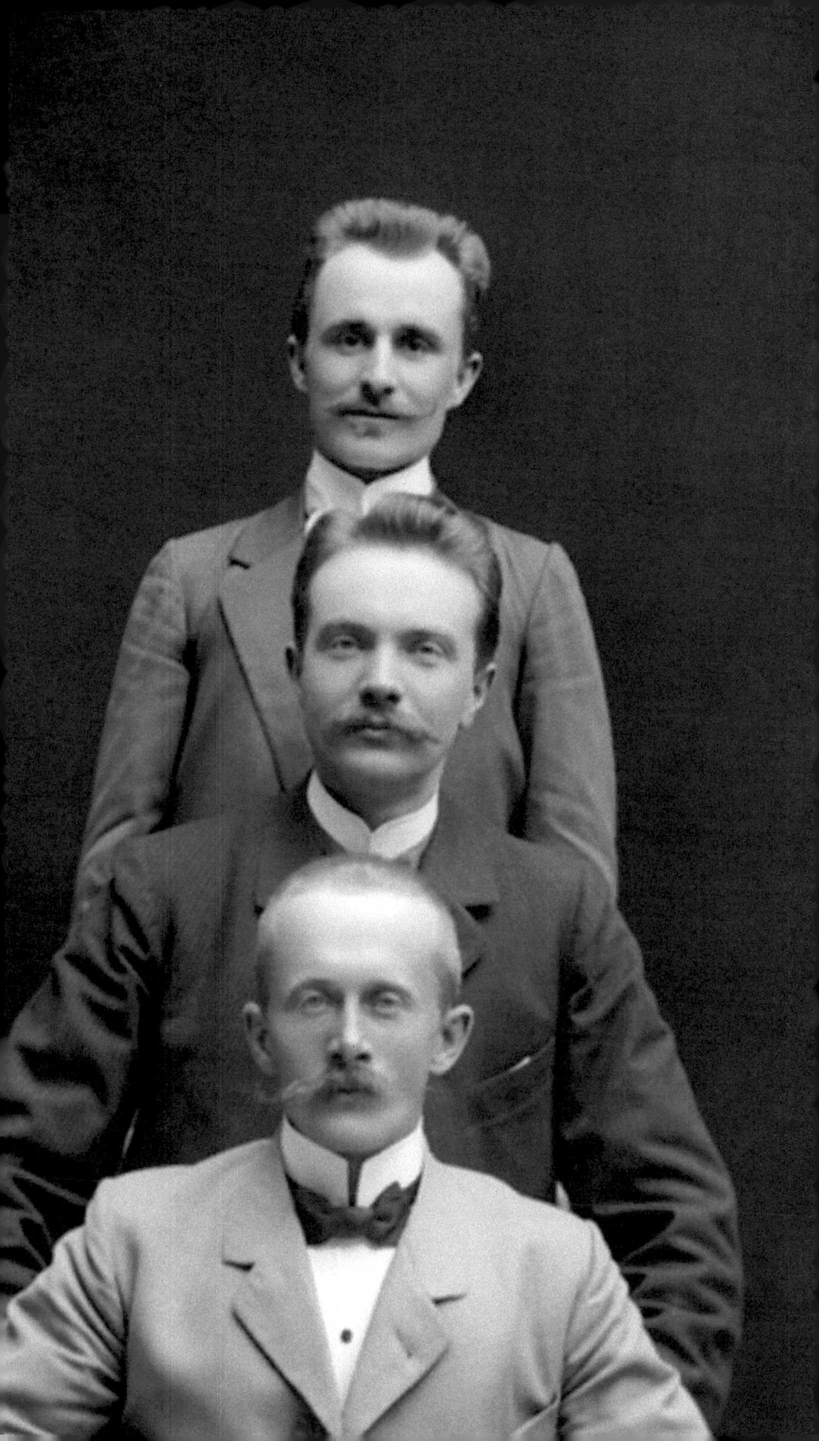

Poika merimiespuvussa, 1920

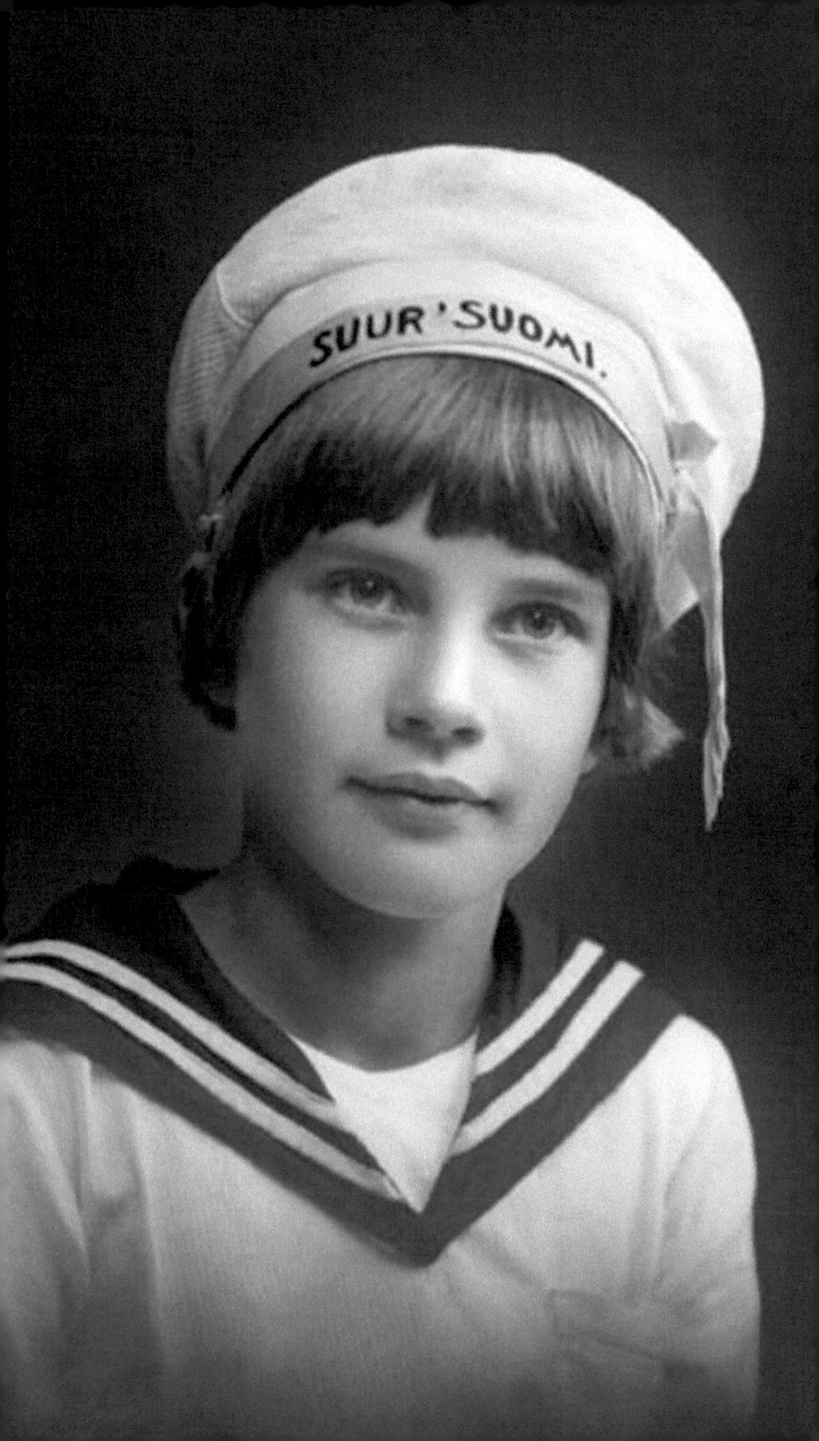
SUUR'SUOMI.

Arkkitehdit Polon ja Hindersson, 1893

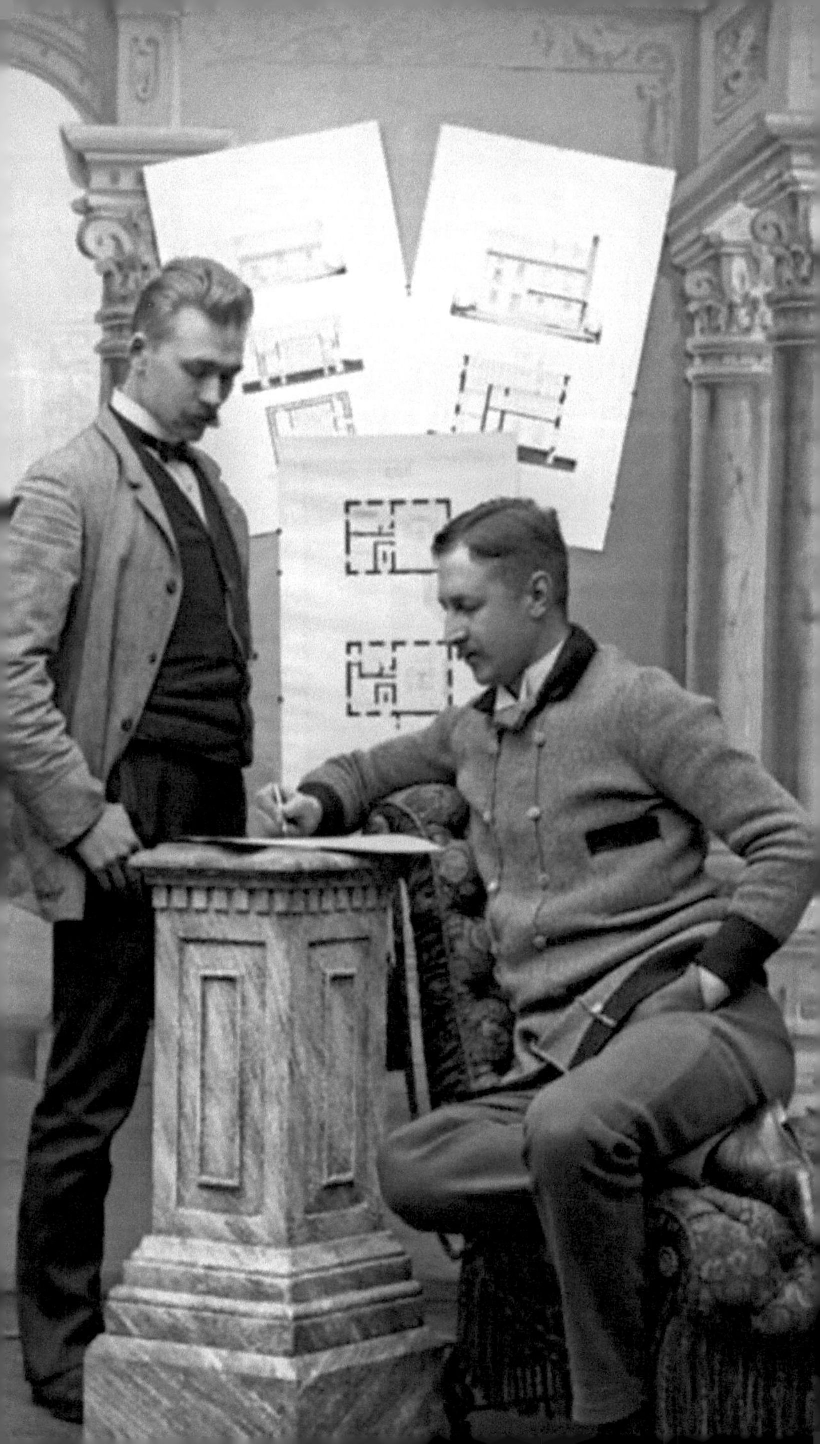

Poliisi Otto Niinimäki, 1909

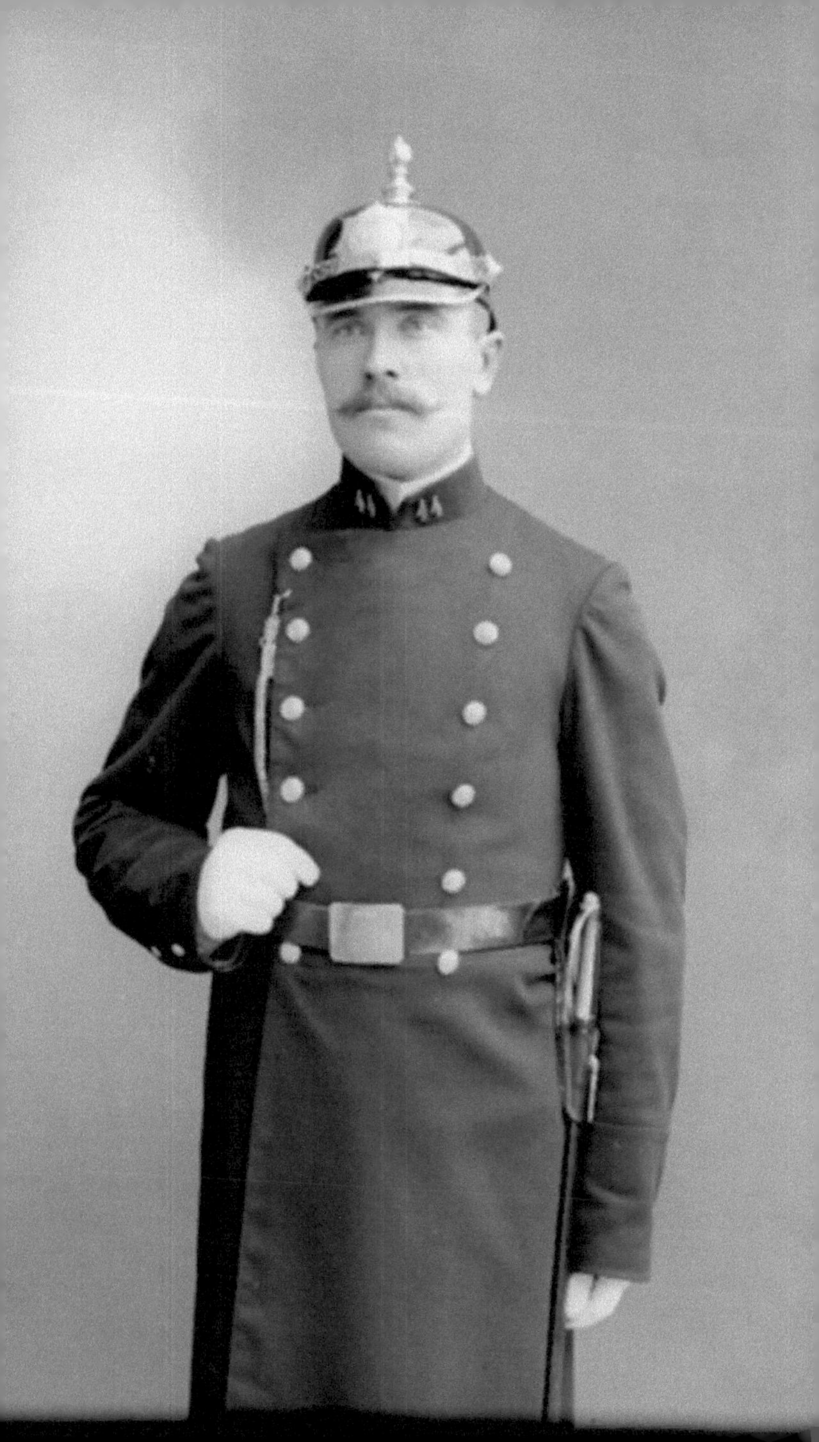

Kaksi sotilasta, Suomen kaartilaisia, 1894

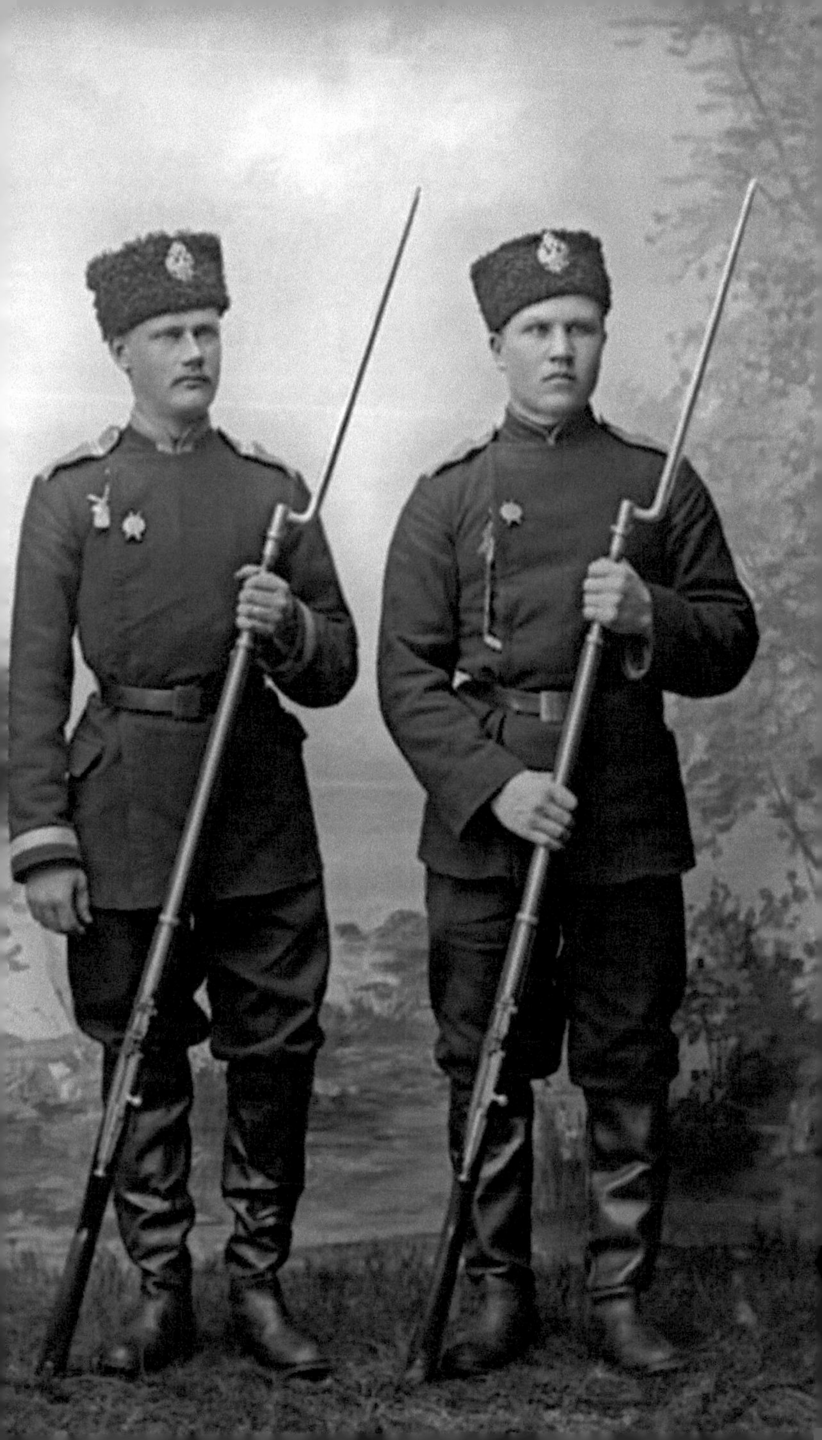

Lääkintämies Toivo Rautiainen, 1918

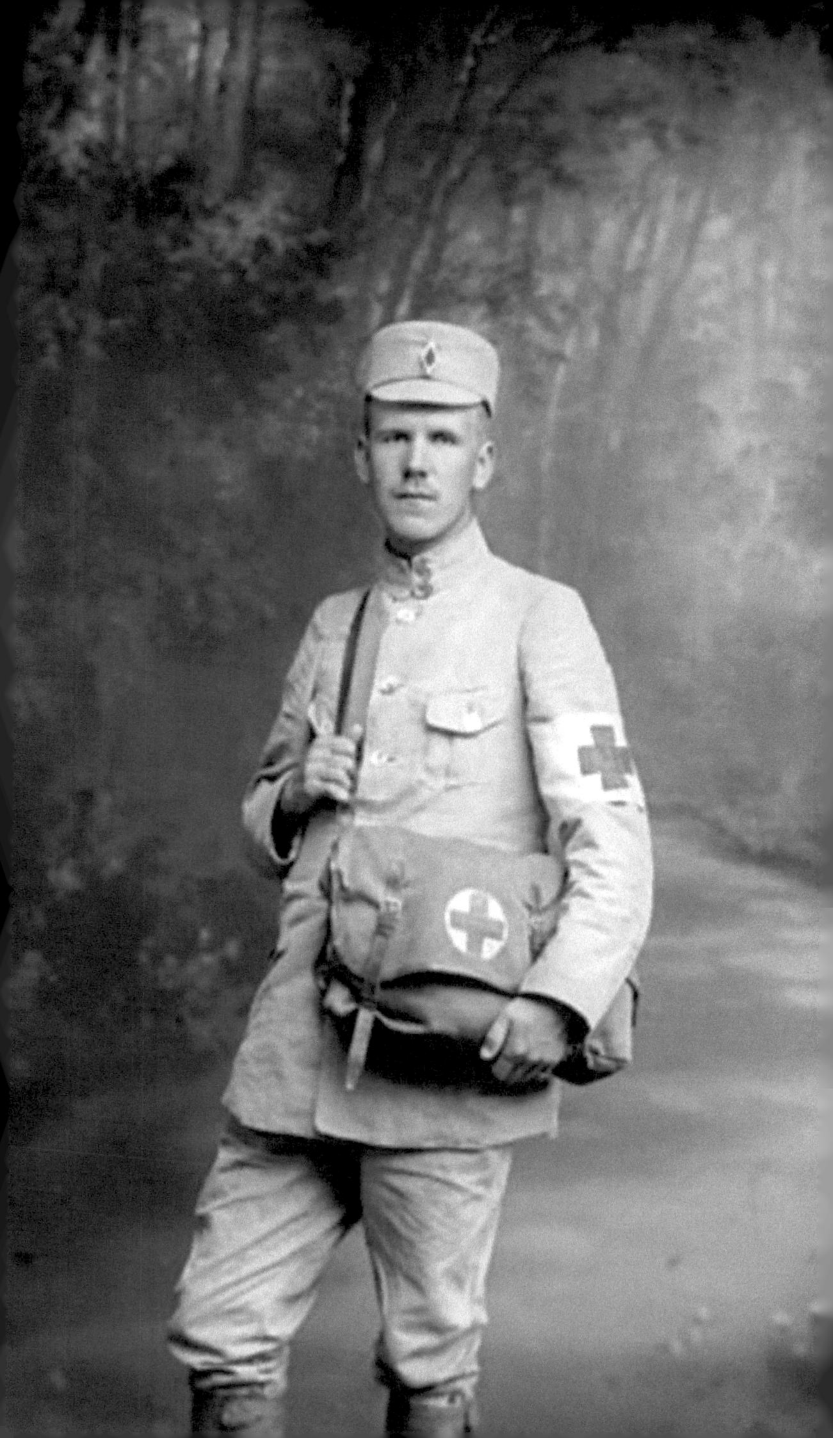

Kuusi miestä ryhmäkuvassa, 1897

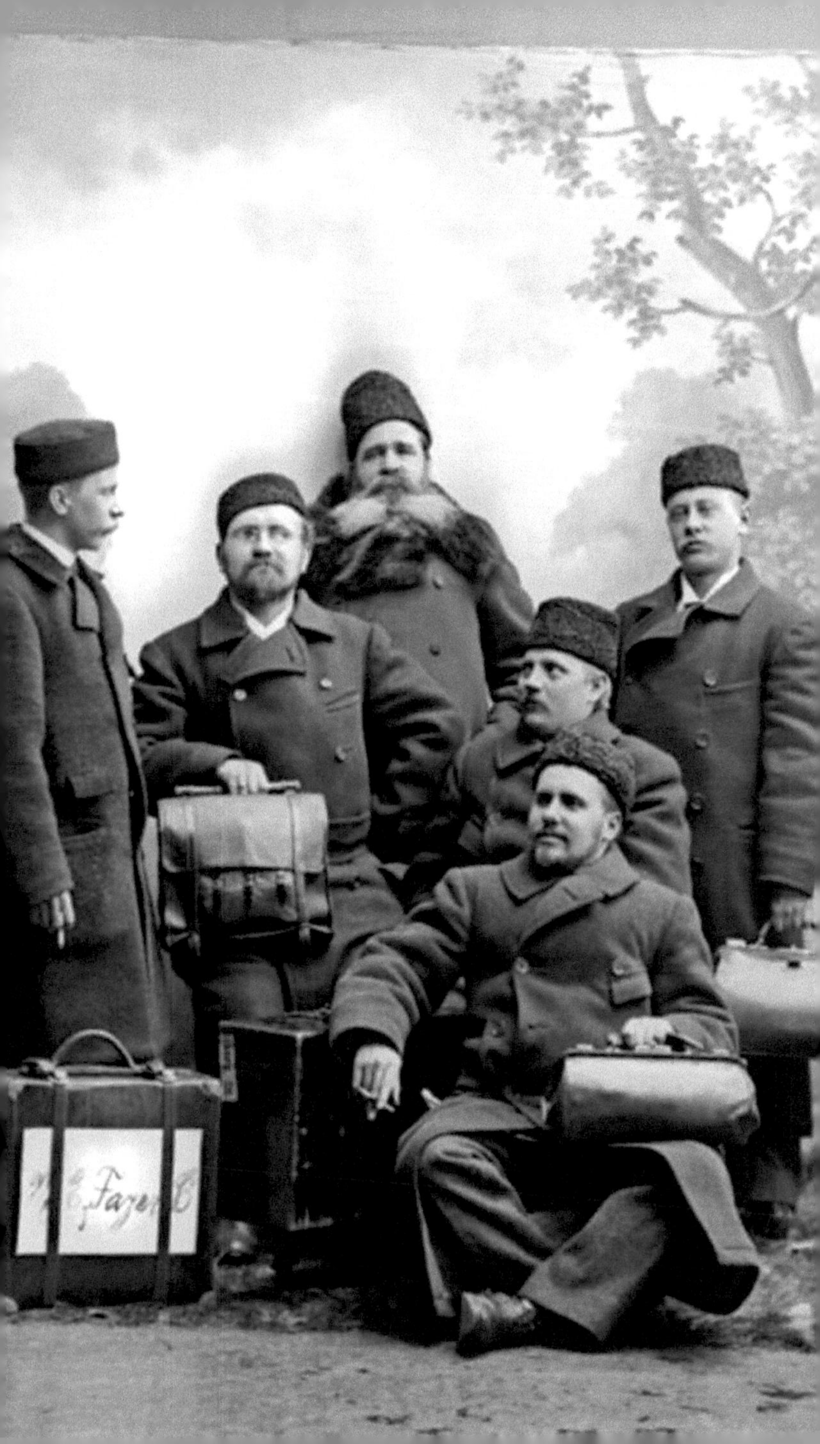
Fazer

Einar Rosberg, 1898

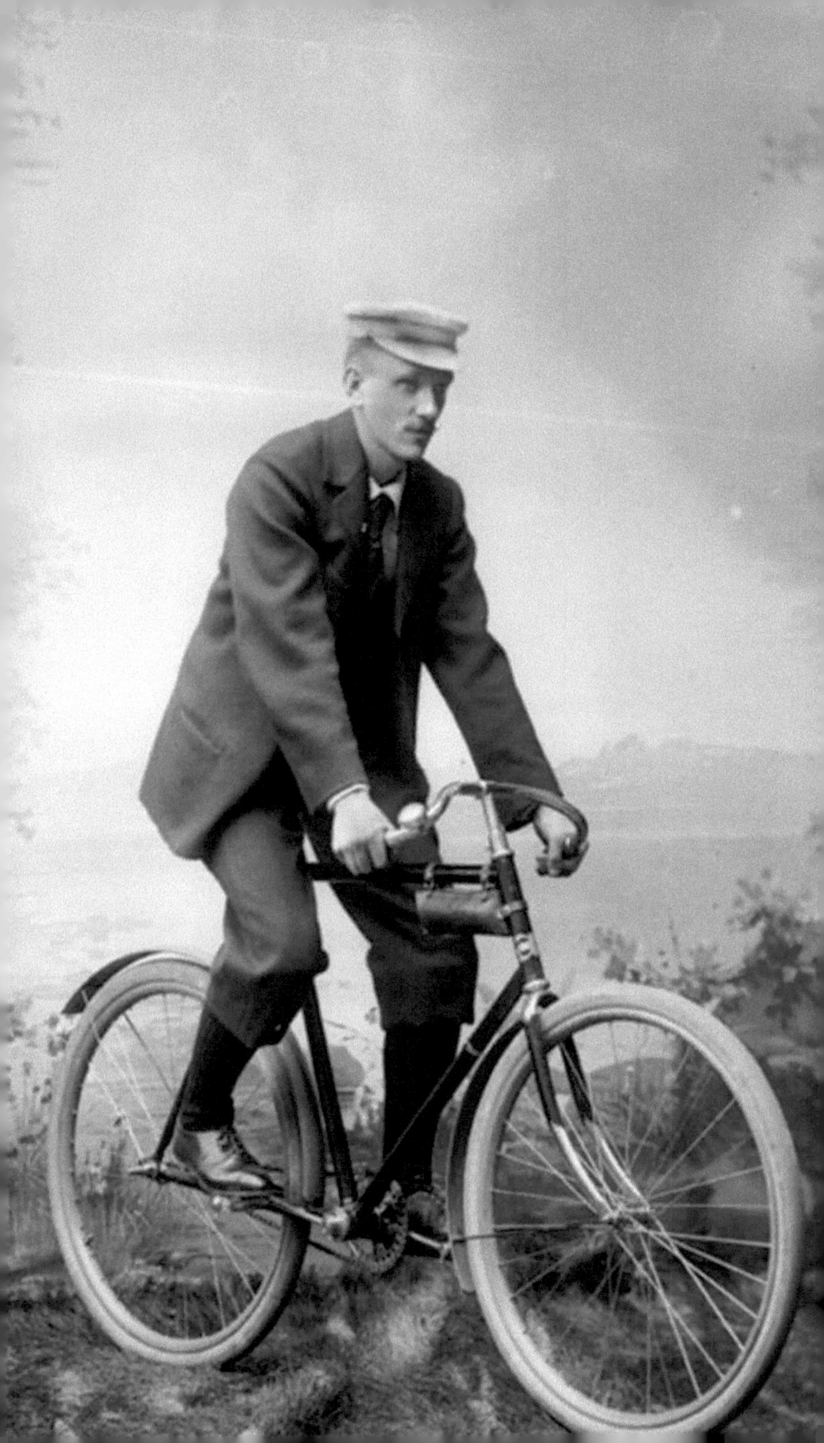

Kaksi miestä päällysvaatteissa, 1904

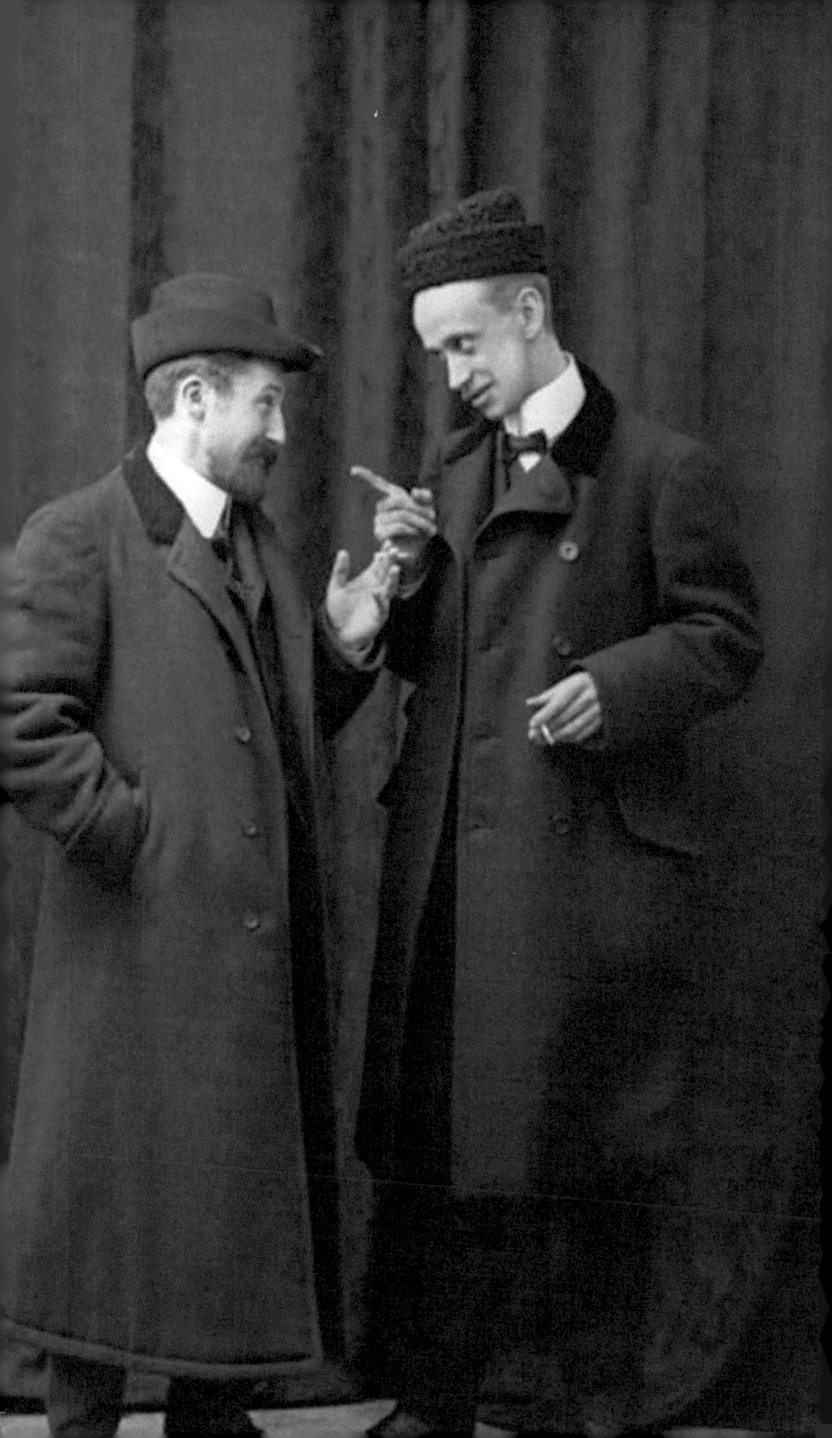

Sotilas Pekka Vartiainen ja sudennahat, 1920

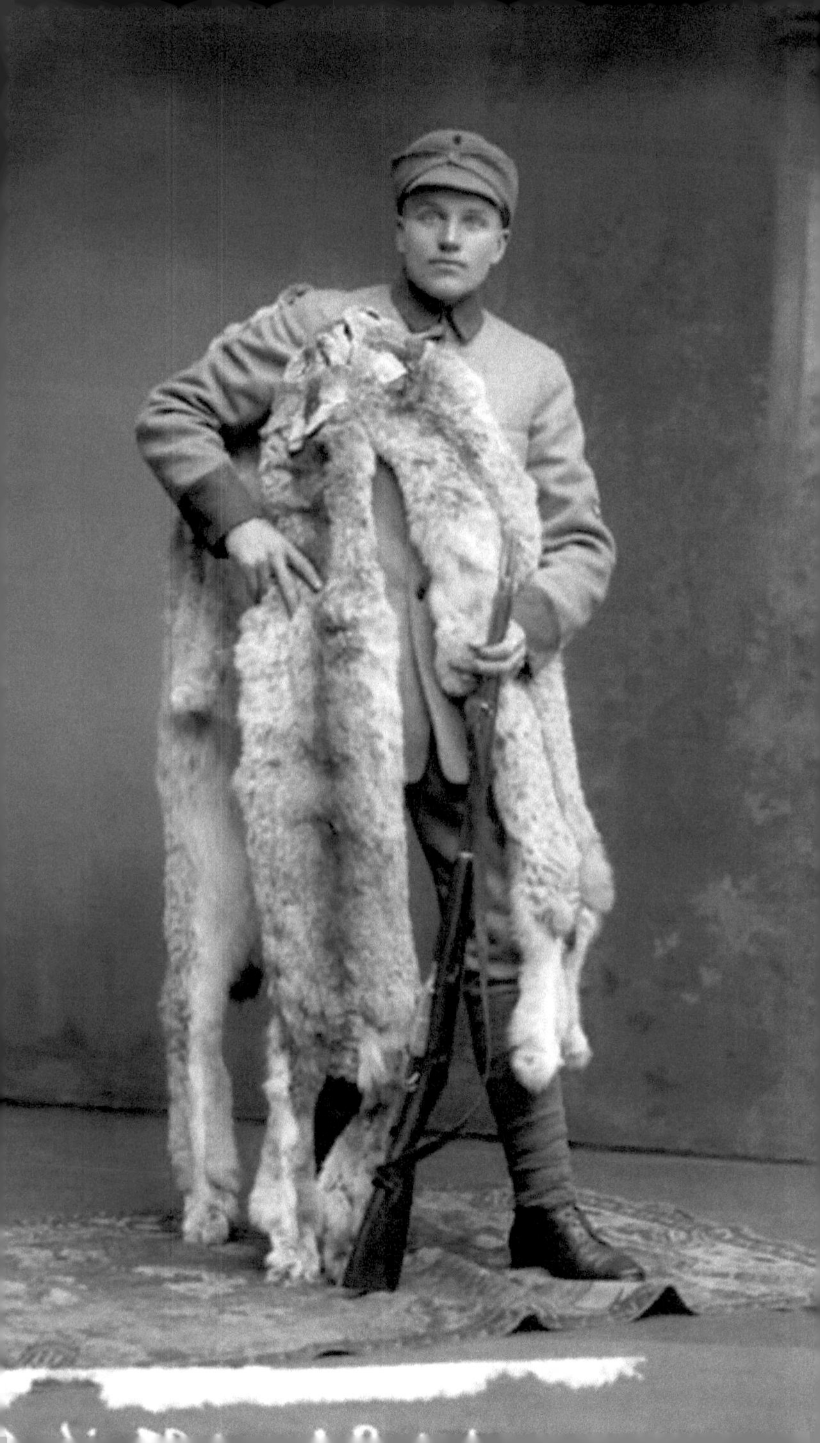

Kuopion Reippaan jalkapallojoukkueen miehiä, 1916

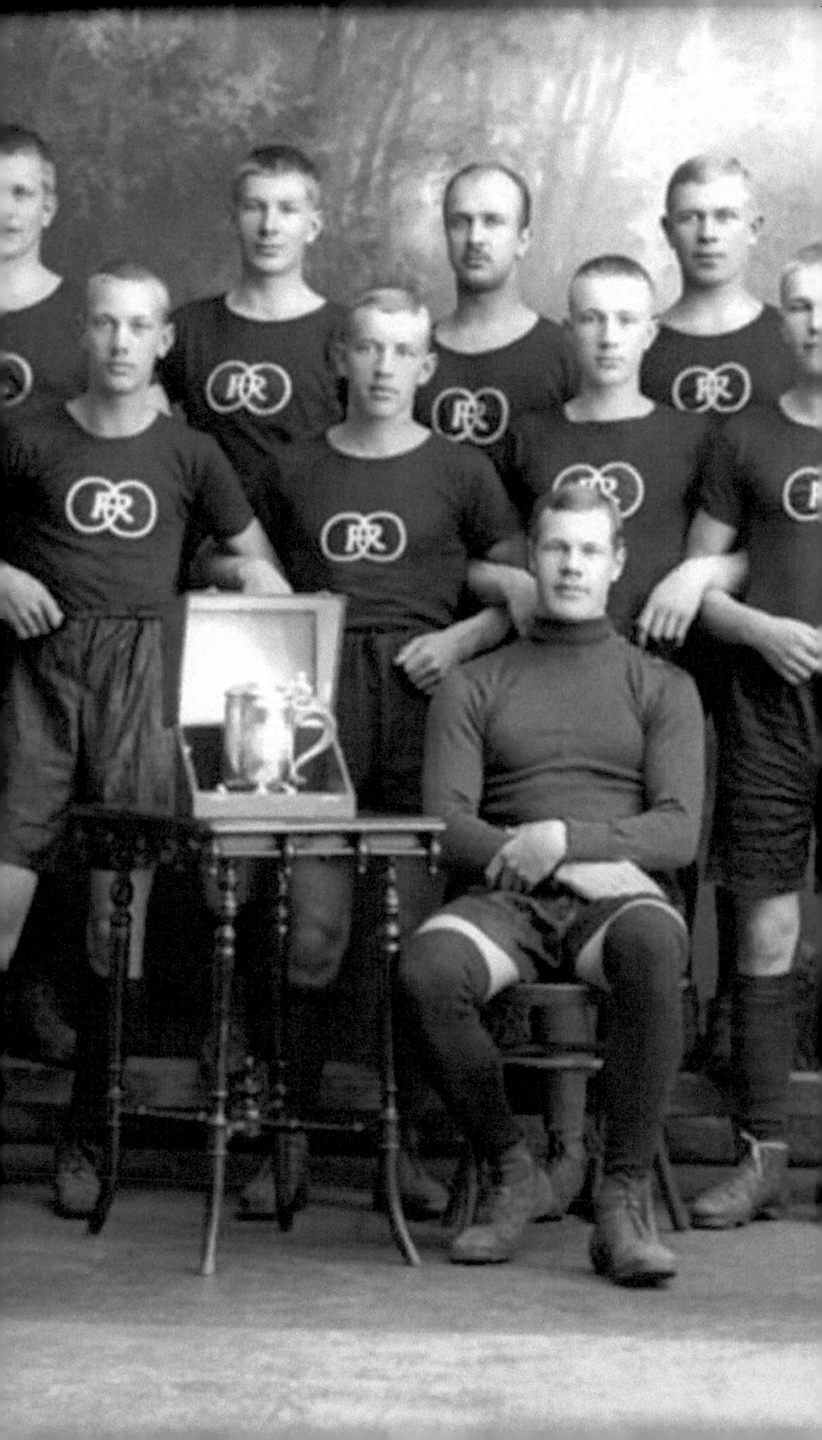

Kustaa Killinen 60-vuotispäivänä, 1909

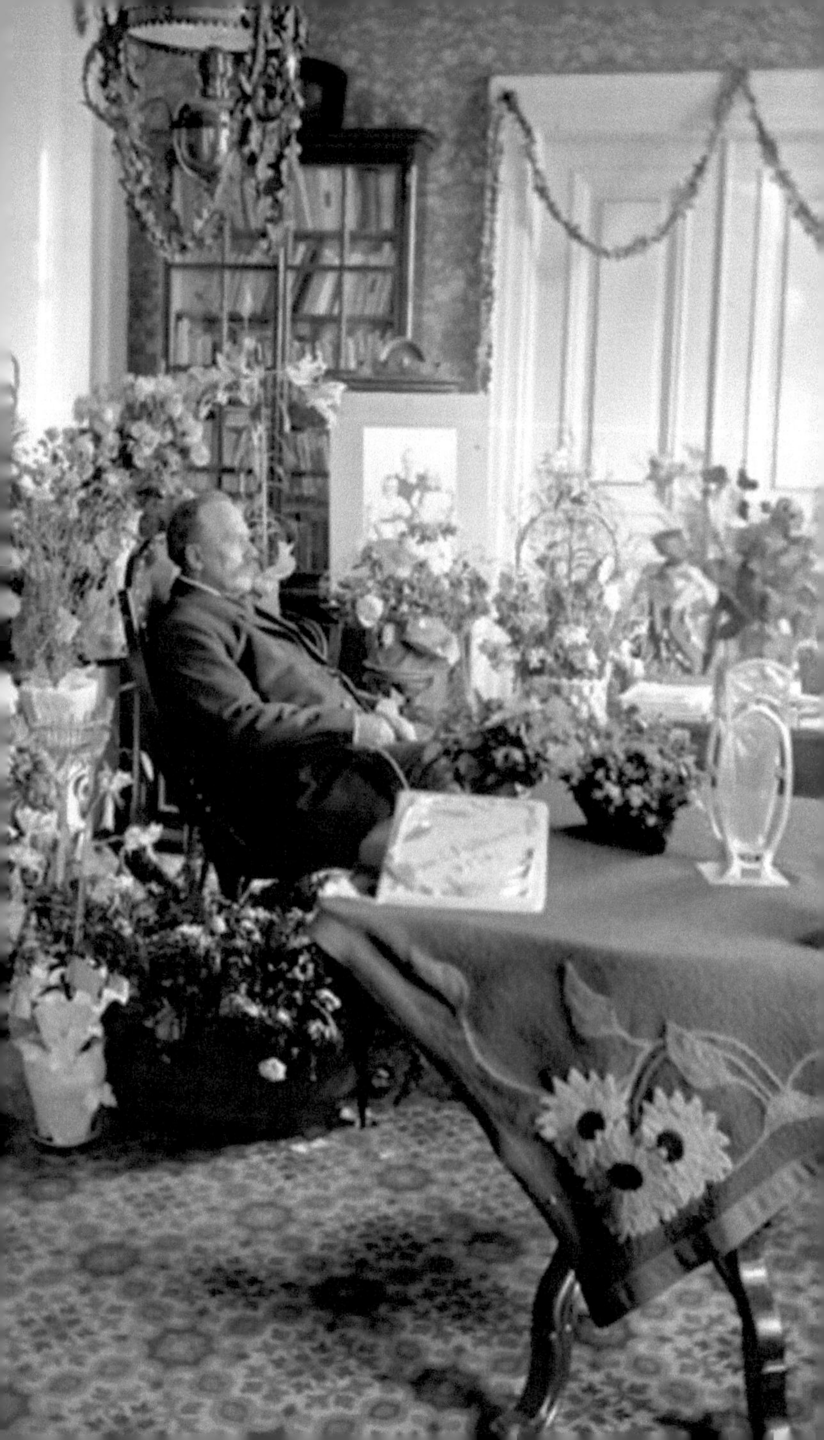

Venäläiset sotilassoittajat, 1912

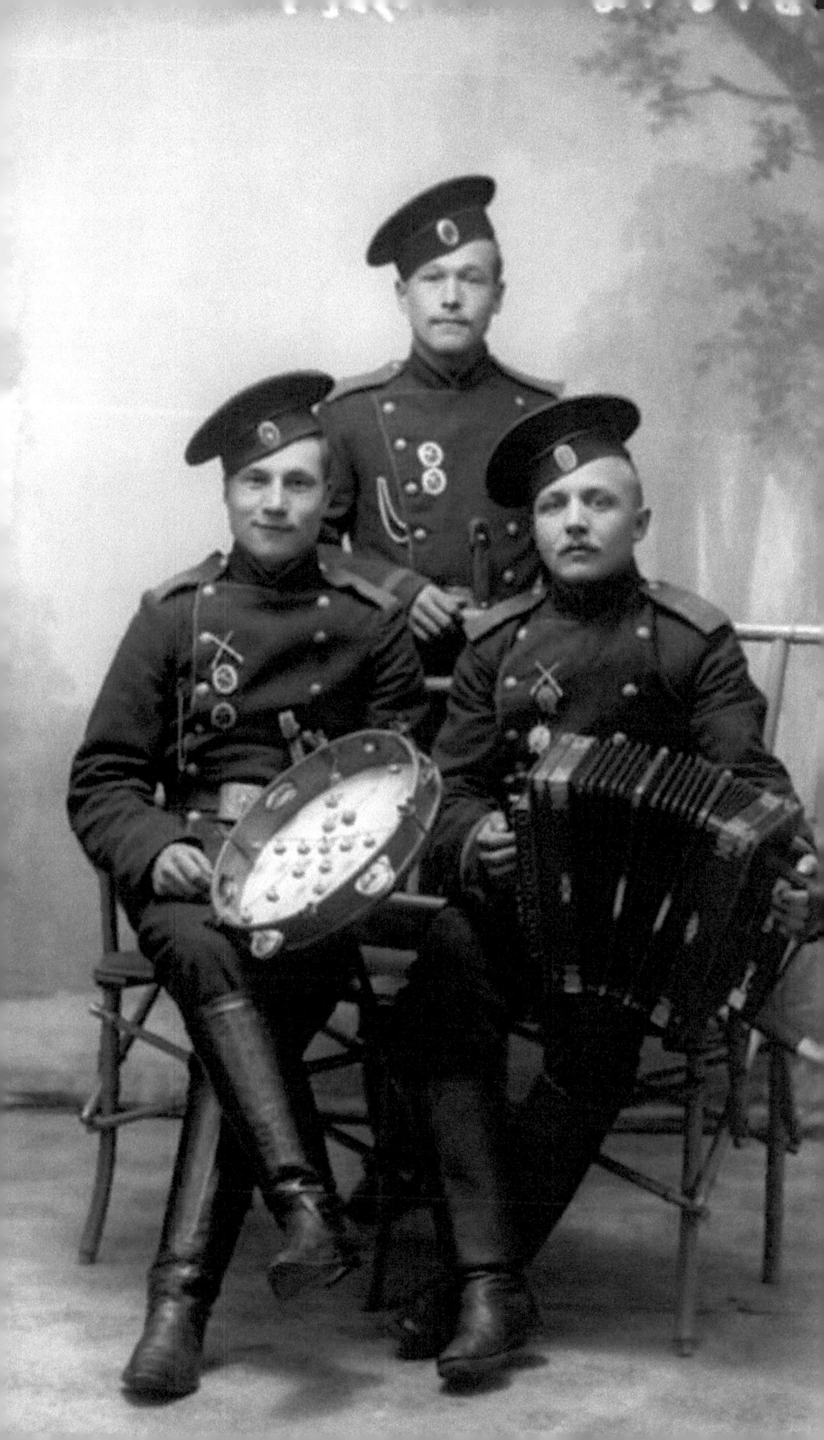

Kuopion lyseon voimistelujoukkue, 1912

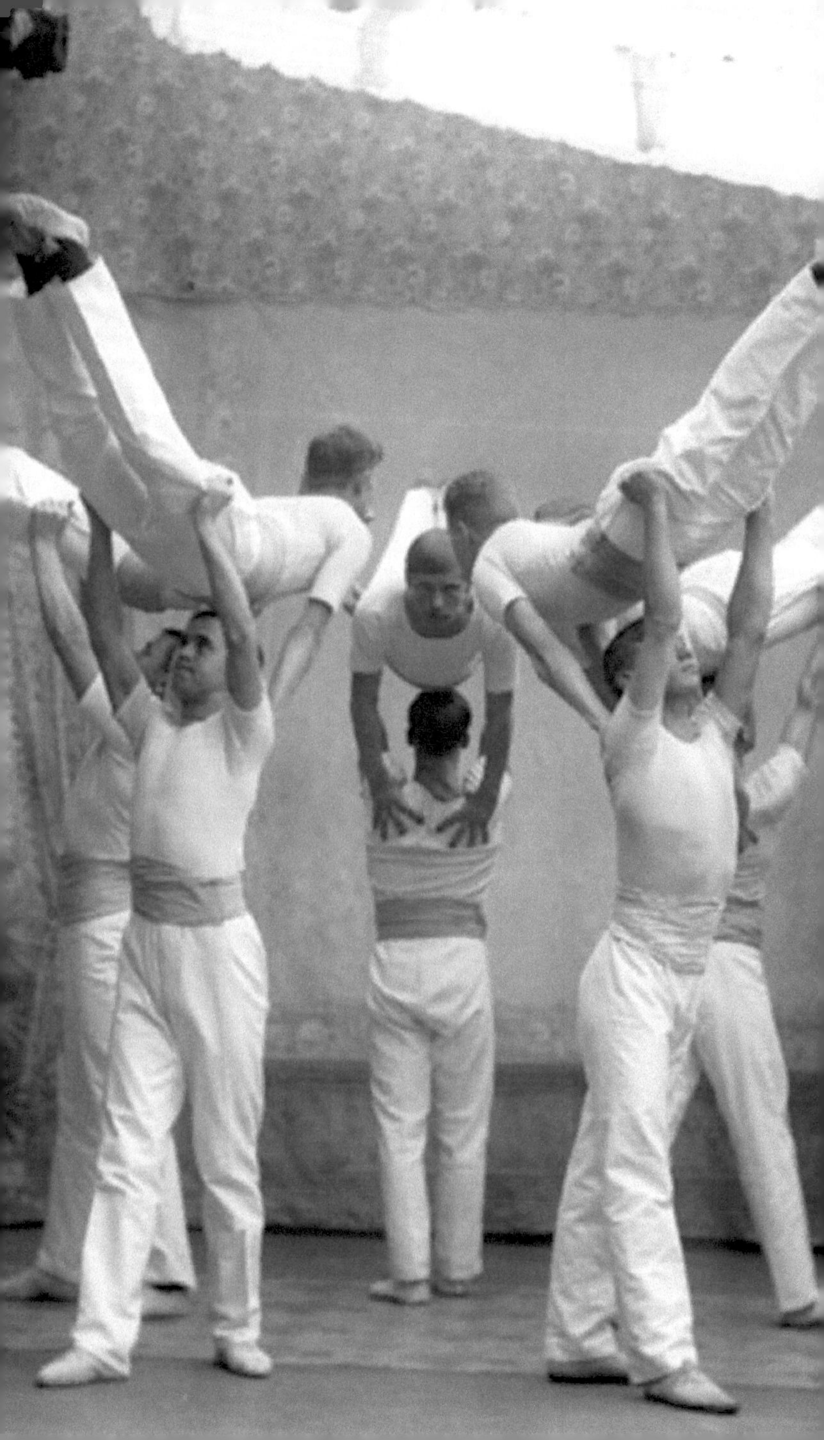

Victor Barsokevitsch sytyttää tupakan, 1907

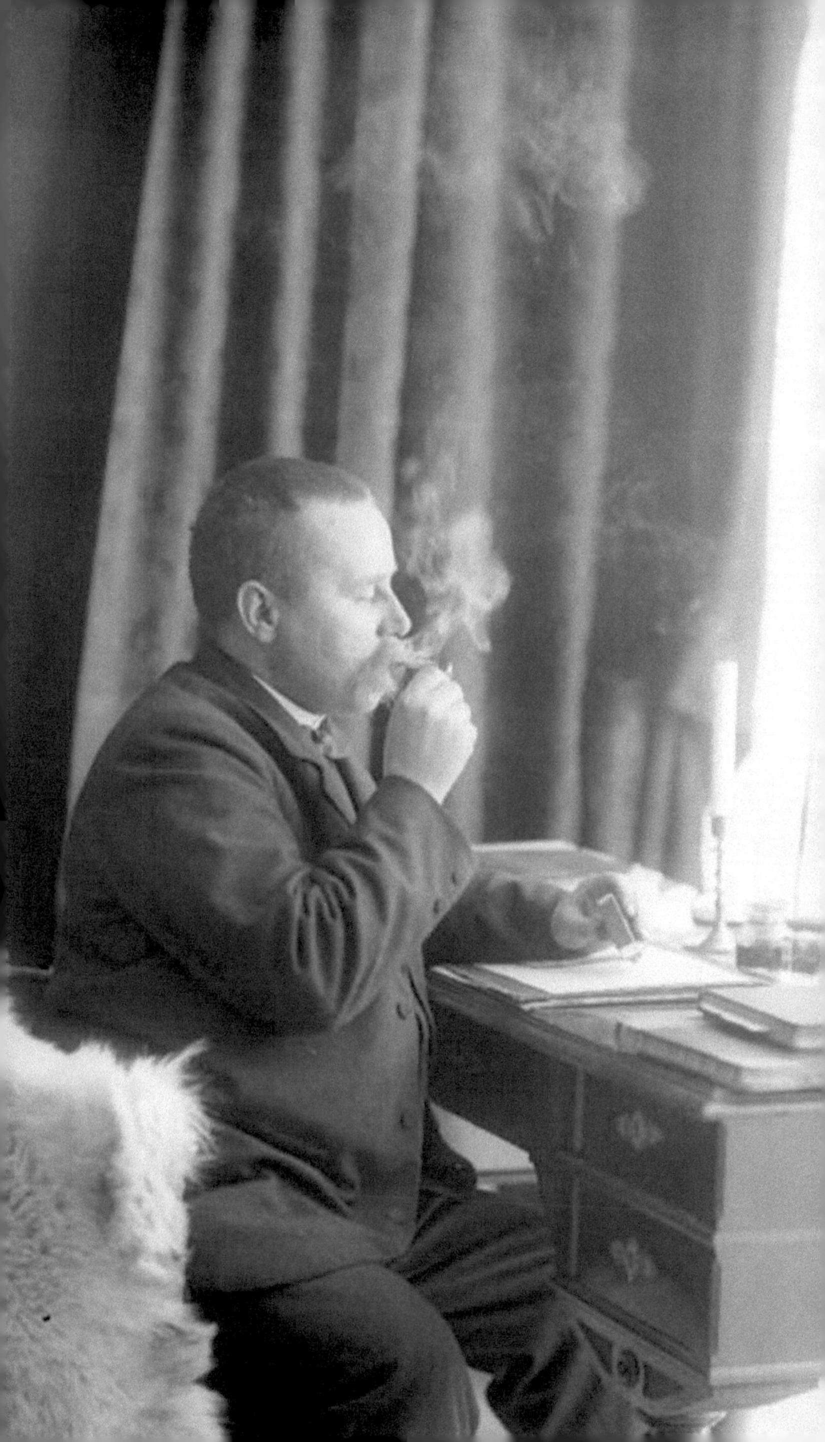